Johann Wolfgang Goethe

Götz von Berlichingen
mit der eisernen Hand

Ein Schauspiel

Anmerkungen
von Volker Neuhaus

Philipp Reclam jun. Stuttgart

Erläuterungen und Dokumente zu Johann Wolfgang Goethes *Götz von Berlichingen* liegen unter Nr. 8122 in Reclams Universal-Bibliothek vor, eine Interpretation ist enthalten in dem Band *Dramen des Sturm und Drang* der Reihe »Interpretationen«, Universal-Bibliothek Nr. 8410.

Universal-Bibliothek Nr. 71
Alle Rechte vorbehalten
© 1968, 1993 Philipp Reclam jun. GmbH & Co., Stuttgart
Um Anmerkungen ergänzte Ausgabe 1993
Umschlaggestaltung: Stefan Schmid, Stuttgart
Gesamtherstellung: Reclam, Ditzingen. Printed in Germany 1999
RECLAM und UNIVERSAL-BIBLIOTHEK sind eingetragene Marken
der Philipp Reclam jun. GmbH & Co., Stuttgart
ISBN 3-15-000071-8

PERSONEN

Kaiser Maximilian
Götz von Berlichingen
Elisabeth, seine Frau
Maria, seine Schwester
Karl, sein Söhnchen
Georg, sein Bube
Bischof von Bamberg
Weislingen
Adelheid von Walldorf } an des
Liebetraut   Bischofs Hofe
Abt von Fulda
Olearius, beider Rechte Doktor
Bruder Martin
Hans von Selbitz
Franz von Sickingen
Lerse
Franz, Weislingens Bube
Kammerfräulein der Adelheid
Metzler, Sievers, Link, Kohl,
    Wild, Anführer der rebellischen Bauern
Hoffrauen, Hofleute, am Bambergschen Hofe
Kaiserliche Räte
Ratsherrn von Heilbronn
Richter des heimlichen Gerichts
Zwei Nürnberger Kaufleute
Max Stumpf, Pfalzgraflicher Diener
Ein Unbekannter
Brautvater } Bauern
Bräutigam
Berlichingsche, Weislingsche, Bambergsche Reiter

Hauptleute, Offiziere, Knechte von der Reichsarmee
Schenkwirt
Gerichtsdiener
Heilbronner Bürger
Stadtwache
Gefängniswärter
Bauern
Zigeunerhauptmann
Zigeuner, Zigeunerinnen

ERSTER AKT

Schwarzenberg in Franken
Herberge

Metzler, Sievers am Tische. Zwei Reitersknechte beim Feuer. Wirt.

S i e v e r s. Hänsel, noch ein Glas Branntwein, und meß christlich.

W i r t. Du bist der Nimmersatt.

M e t z l e r *(leise zu Sievers)*. Erzähl das noch einmal vom Berlichingen! Die Bamberger dort ärgern sich, sie möchten schwarz werden.

S i e v e r s. Bamberger? Was tun *die* hier?

M e t z l e r. Der Weislingen ist oben auf'm Schloß beim Herrn Grafen schon zwei Tage; dem haben sie das Gleit geben. Ich weiß nicht, wo er herkommt; sie warten auf ihn; er geht zurück nach Bamberg.

S i e v e r s. Wer ist der Weislingen?

M e t z l e r. Des Bischofs rechte Hand, ein gewaltiger Herr, der dem Götz auch auf'n Dienst lauert.

S i e v e r s. Er mag sich in acht nehmen.

M e t z l e r *(leise)*. Nur immer zu! *(Laut.)* Seit wann hat denn der Götz wieder Händel mit dem Bischof von Bamberg? Es hieß ja, alles wäre vertragen und geschlichtet.

S i e v e r s. Ja, vertrag du mit den Pfaffen! Wie der Bischof sah, er richt nichts aus und zieht immer den kürzern, kroch er zum Kreuz und war geschäftig, daß der Vergleich zustand käm. Und der getreuherzige Berlichingen gab unerhört nach, wie er immer tut, wenn er im Vorteil ist.

M e t z l e r. Gott erhalt ihn! Ein rechtschaffener Herr!

S i e v e r s. Nun denk, ist das nicht schändlich? Da werfen sie ihm einen Buben nieder, da er sich nichts weniger versieht. Wird sie aber schon wieder dafür lausen!

M e t z l e r. Es ist doch dumm, daß ihm der letzte Streich mißglückt ist! Er wird sich garstig erbost haben.

S i e v e r s. Ich glaub nicht, daß ihn lang was so ver-
drossen hat. Denk auch: alles war aufs genaueste verkundschaft, wann der Bischof aus dem Bad käm, mit
wieviel Reitern, welchen Weg; und wenn's nicht wär
durch falsche Leut verraten worden, wollt er ihm das   5
Bad gesegnet und ihn ausgerieben haben.
E r s t e r   R e i t e r. Was räsoniert ihr von unserm Bi-
schof? Ich glaub, ihr sucht Händel.
S i e v e r s. Kümmert euch um eure Sachen! Ihr habt an
unserm Tisch nichts zu suchen.   10
Z w e i t e r   R e i t e r. Wer heißt euch von unserm Bi-
schof despektierlich reden?
S i e v e r s. Hab ich euch Red und Antwort zu geben?
Seht doch den Fratzen!
E r s t e r   R e i t e r *(schlägt ihn hinter die Ohren).*   15
M e t z l e r. Schlag den Hund tot!
        (Sie fallen übereinander her.)
Z w e i t e r   R e i t e r. Komm her, wenn du 's Herz
hast.
W i r t *(reißt sie voneinander).* Wollt ihr Ruh haben!   20
Tausend Schwerenot! Schert euch 'naus, wenn ihr was
auszumachen habt. In meiner Stub soll's ehrlich und
ordentlich zugehen. *(Schiebt die Reiter zur Tür hinaus.)*
Und ihr Esel, was fanget ihr an?
M e t z l e r. Nur nit viel geschimpft, Hänsel, sonst   25
kommen wir dir über die Glatze. Komm, Kamerad,
wollen die draußen bleuen.
        (Zwei Berlichingsche Reiter kommen.)
E r s t e r   R e i t e r. Was gibt's da?
S i e v e r s. Ei guten Tag, Peter! Veit, guten Tag! Woher? 30
Z w e i t e r   R e i t e r. Daß du dich nit unterstehst zu
verraten, wem wir dienen.
S i e v e r s *(leise).* Da ist euer Herr Götz wohl auch nit
weit?
E r s t e r   R e i t e r. Halt dein Maul! Habt ihr Händel? 35
S i e v e r s. Ihr seid den Kerls begegnet draußen, sind
Bamberger.
E r s t e r   R e i t e r. Was tun die hier?
M e t z l e r. Der Weislingen ist droben auf'm Schloß,
beim gnädigen Herrn, den haben sie geleit.   40

Erster Reiter. Der Weislingen?

Zweiter Reiter *(leise)*. Peter! das ist ein gefunden Fressen! *(Laut.)* Wie lang ist er da?

Metzler. Schon zwei Tage. Aber er will heut noch
5 fort, hört ich einen von den Kerls sagen.

Erster Reiter *(leise)*. Sagt ich dir nicht, er wär daher! Hätten wir dort drüben eine Weile passen können. Komm, Veit.

Sievers. Helft uns doch erst die Bamberger aus-
10 prügeln.

Zweiter Reiter. Ihr seid ja auch zu zwei. Wir müssen fort. Adies! *(Ab.)*

Sievers. Lumpenhunde die Reiter! wann man sie nit bezahlt, tun sie dir keinen Streich.

15 Metzler. Ich wollt schwören, sie haben einen Anschlag. Wem dienen sie?

Sievers. Ich soll's nit sagen. Sie dienen dem Götz.

Metzler. So! Nun wollen wir über die draußen. Komm! so lang ich einen Bengel hab, fürcht ich ihre
20 Bratspieße nicht.

Sievers. Dürften wir nur so einmal an die Fürsten, die uns die Haut über die Ohren ziehen.

Herberge im Wald

Götz *(vor der Tür unter der Linde)*. Wo meine Knechte
25 bleiben! Auf und ab muß ich gehen, sonst übermannt mich der Schlaf. Fünf Tag und Nächte schon auf der Lauer. Es wird einem sauer gemacht, das bißchen Leben und Freiheit. Dafür, wenn ich dich habe, Weislingen, will ich mir's wohl sein lassen. *(Schenkt ein.)* Wie-
30 der leer! Georg! Solang's daran nicht mangelt und an frischem Mut, lach ich der Fürsten Herrschsucht und Ränke. – Georg! – Schickt ihr nur euern gefälligen Weislingen herum zu Vettern und Gevattern, laßt mich anschwärzen. Nur immer zu. Ich bin wach. Du warst
35 mir entwischt, Bischof! So mag denn dein lieber Weislingen die Zeche bezahlen. – Georg! Hört der Junge nicht? Georg! Georg!

D e r B u b e *(im Panzer eines Erwachsenen).* Gestrenger
  Herr!

G ö t z. Wo stickst du? Hast du geschlafen? Was zum
  Henker treibst du für Mummerei? Komm her, du
  siehst gut aus. Schäm dich nicht, Junge. Du bist brav! 5
  Ja, wenn du ihn ausfülltest! Es ist Hansens Küraß?

G e o r g. Er wollt ein wenig schlafen und schnallt' ihn
  aus.

G ö t z. Er ist bequemer als sein Herr.

G e o r g. Zürnt nicht. Ich nahm ihn leise weg und legt 10
  ihn an, und holte meines Vaters altes Schwert von der
  Wand, lief auf die Wiese und zog's aus.

G ö t z. Und hiebst um dich herum? Da wird's den Hek-
  ken und Dornen gutgegangen sein. Schläft Hans?

G e o r g. Auf Euer Rufen sprang er auf und schrie mir, 15
  daß Ihr rieft. Ich wollt den Harnisch ausschnallen, da
  hört ich Euch zwei-, dreimal.

G ö t z. Geh! bring ihm seinen Panzer wieder und sag
  ihm, er soll bereit sein, soll nach den Pferden sehen.

G e o r g. Die hab ich recht ausgefüttert und wieder auf- 20
  gezäumt. Ihr könnt aufsitzen, wann Ihr wollt.

G ö t z. Bring mir einen Krug Wein, gib Hansen auch
  ein Glas, sag ihm, er soll munter sein, es gilt. Ich hoffe
  jeden Augenblick, meine Kundschafter sollen zurückkommen.   25

G e o r g. Ach gestrenger Herr!

G ö t z. Was hast du?

G e o r g. Darf ich nicht mit?

G ö t z. Ein andermal, Georg, wann wir Kaufleute fangen und Fuhren wegnehmen.   30

G e o r g. Ein andermal, das habt Ihr schon oft gesagt.
  O diesmal! diesmal! Ich will nur hintendreinlaufen,
  nur auf der Seite lauern. Ich will Euch die verschos-
  senen Bolzen wiederholen.

G ö t z. Das nächstemal, Georg. Du sollst erst ein Wams 35
  haben, eine Blechhaube und einen Spieß.

G e o r g. Nehmt mich mit! Wär ich letzt dabei gewesen,
  Ihr hättet die Armbrust nicht verloren.

G ö t z. Weißt du das?

G e o r g. Ihr warft sie dem Feind an Kopf, und einer 40 von den Fußknechten hob sie auf; weg war sie! Gelt ich weiß?

Götz. Erzählen dir das meine Knechte?

Georg. Wohl. Dafür pfeif ich ihnen auch, wann wir
5 die Pferde striegeln, allerlei Weisen und lerne sie allerlei lustige Lieder.

Götz. Du bist ein braver Junge.

Georg. Nehmt mich mit, daß ich's zeigen kann!

Götz. Das nächstemal, auf mein Wort. Unbewaffnet
10 wie du bist, sollst du nicht in Streit. Die künftigen Zeiten brauchen auch Männer. Ich sage dir, Knabe, es wird eine teure Zeit werden: Fürsten werden ihre Schätze bieten um einen Mann, den sie jetzt hassen. Geh, Georg, gib Hansen seinen Küraß wieder und
15 bring mir Wein. *(Georg ab.)* Wo meine Knechte bleiben! Es ist unbegreiflich. Ein Mönch! Wo kommt der noch her?

(Bruder Martin kommt.)

Götz. Ehrwürdiger Vater, guten Abend! woher so
20 spät? Mann der heiligen Ruhe, Ihr beschämt viel Ritter.

Martin. Dank Euch, edler Herr! Und bin vor der Hand nur demütiger Bruder, wenn's ja Titel sein soll. Augustin mit meinem Klosternamen, doch hör ich am liebsten Martin, meinen Taufnamen.

25 Götz. Ihr seid müde, Bruder Martin, und ohne Zweifel durstig! *(Der Bub kommt.)* Da kommt der Wein eben recht.

Martin. Für mich einen Trunk Wasser. Ich darf keinen Wein trinken.

30 Götz. Ist das Euer Gelübde?

Martin. Nein, gnädiger Herr, es ist nicht wider mein Gelübde, Wein zu trinken; weil aber der Wein wider mein Gelübde ist, so trinke ich keinen Wein.

Götz. Wie versteht Ihr das?

35 Martin. Wohl Euch, daß Ihr's nicht versteht. Essen und trinken, mein ich, ist des Menschen Leben.

Götz. Wohl!

Martin. Wenn Ihr gegessen und getrunken habt, seid Ihr wie neu geboren; seid stärker, mutiger, geschickter
40 zu Euerm Geschäft. Der Wein erfreut des Menschen

Herz, und die Freudigkeit ist die Mutter aller Tugen-
den. Wenn Ihr Wein getrunken habt, seid Ihr alles doppelt, was Ihr sein sollt, noch einmal so leicht denkend,
noch einmal so unternehmend, noch einmal so schnell
ausführend.   5

G ö t z. Wie ich ihn trinke, ist es wahr.

M a r t i n. Davon red ich auch. Aber wir –
            (Georg mit Wasser.)

G ö t z *(zu Georg heimlich).* Geh auf den Weg nach
Dachsbach, und leg dich mit dem Ohr auf die Erde, ob du   10
nicht Pferde kommen hörst, und sei gleich wieder hier.

M a r t i n. Aber wir, wenn wir gegessen und getrunken
haben, sind wir grad das Gegenteil von dem, was wir
sein sollen. Unsere schläfrige Verdauung stimmt den
Kopf nach dem Magen, und in der Schwäche einer   15
überfüllten Ruhe erzeugen sich Begierden, die ihrer
Mutter leicht über den Kopf wachsen.

G ö t z. Ein Glas, Bruder Martin, wird Euch nicht im
Schlaf stören. Ihr seid heute viel gegangen. *(Bringt's
ihm.)* Alle Streiter!   20

M a r t i n. In Gottes Namen! *(Sie stoßen an.)* Ich kann
die müßigen Leute nicht ausstehen; und doch kann ich
nicht sagen, daß alle Mönche müßig sind; sie tun, was
sie können. Da komm ich von St. Veit, wo ich die
letzte Nacht schlief. Der Prior führte mich in den   25
Garten; das ist nun ihr Bienenkorb. Vortrefflicher
Salat! Kohl nach Herzens Lust! und besonders Blu-
menkohl und Artischocken, wie keine in Europa!

G ö t z. Das ist also Eure Sache nicht. *(Er steht auf,
sieht nach dem Jungen und kommt wieder.)*   30

M a r t i n. Wollte, Gott hätte mich zum Gärtner oder
Laboranten gemacht! ich könnte glücklich sein. Mein
Abt liebt mich, mein Kloster ist Erfurt in Sachsen; er
weiß, ich kann nicht ruhn; da schickt er mich herum,
wo was zu betreiben ist. Ich geh zum Bischof von Kon- 35
stanz.

G ö t z. Noch eins! Gute Verrichtung!

M a r t i n. Gleichfalls.

G ö t z. Was seht Ihr mich so an, Bruder?

M a r t i n. Daß ich in Euern Harnisch verliebt bin.   40

G ö t z. Hättet Ihr Lust zu einem? Es ist schwer und
beschwerlich ihn zu tragen.

M a r t i n. Was ist nicht beschwerlich auf dieser Welt!
und mir kommt nichts beschwerlicher vor, als nicht
5 Mensch sein dürfen. Armut, Keuschheit und Gehorsam – drei Gelübde, deren jedes, einzeln betrachtet,
der Natur das Unausstehlichste scheint, so unerträglich
sind sie alle. Und sein ganzes Leben unter dieser Last,
oder der weit drückendern Bürde des Gewissens mut-
10 los zu keuchen! O Herr! was sind die Mühseligkeiten
Eures Lebens, gegen die Jämmerlichkeiten eines Standes, der die besten Triebe, durch die wir werden,
wachsen und gedeihen, aus mißverstandener Begierde
Gott näher zu rücken, verdammt?

15 G ö t z. Wär Euer Gelübde nicht so heilig, ich wollte
Euch bereden, einen Harnisch anzulegen, wollt Euch
ein Pferd geben, und wir zögen miteinander.

M a r t i n. Wollte Gott, meine Schultern fühlten Kraft,
den Harnisch zu ertragen, und mein Arm Stärke, einen
20 Feind vom Pferd zu stechen! – Arme schwache Hand,
von jeher gewohnt, Kreuze und Friedensfahnen zu
führen und Rauchfässer zu schwingen, wie wolltest du
Lanze und Schwert regieren! Meine Stimme, nur zu
Ave und Halleluja gestimmt, würde dem Feind ein
25 Herold meiner Schwäche sein, wenn ihn die Eurige
überwältigte. Kein Gelübde sollte mich abhalten wieder in den Orden zu treten, den mein Schöpfer selbst
gestiftet hat!

G ö t z. Glückliche Wiederkehr!

30 M a r t i n. Das trinke ich nur für Euch. Wiederkehr in
meinen Käfig ist allemal unglücklich. Wenn Ihr wie-
derkehrt, Herr, in Eure Mauern, mit dem Bewußtsein
Eurer Tapferkeit und Stärke, der keine Müdigkeit etwas anhaben kann, Euch zum erstenmal nach langer
35 Zeit, sicher vor feindlichem Überfall, entwaffnet auf
Euer Bette streckt und Euch nach dem Schlaf dehnt,
der Euch besser schmeckt als mir der Trunk nach langem Durst: da könnt Ihr von Glück sagen!

G ö t z. Dafür kommt's auch selten.

40 M a r t i n (*feuriger*). Und ist, wenn's kommt, ein Vor-

schmack des Himmels. – Wenn Ihr zurückkehrt, mit
der Beute Eurer Feinde beladen, und Euch erinnert:
den stach ich vom Pferd, eh er schießen konnte, und
den rannt ich samt dem Pferde nieder, und dann reitet
Ihr zu Euerm Schloß hinauf, und –   5

G ö t z. Was meint Ihr?

M a r t i n. Und Eure Weiber! *(Er schenkt ein.)* Auf Ge-
sundheit Eurer Frau! *(Er wischt sich die Augen.)* Ihr
habt doch eine?

G ö t z. Ein edles vortreffliches Weib!   10

M a r t i n. Wohl dem, der ein tugendsam Weib hat! des
lebt er noch eins so lange. Ich kenne keine Weiber, und
doch war die Frau die Krone der Schöpfung!

G ö t z *(vor sich).* Er dauert mich! Das Gefühl seines
Standes frißt ihm das Herz.   15

G e o r g *(gesprungen).* Herr! ich höre Pferde im Ga-
lopp! Zwei! Es sind sie gewiß.

G ö t z. Führ mein Pferd heraus! Hans soll aufsitzen. –
Lebt wohl, teurer Bruder, Gott geleit Euch! Seid mutig
und geduldig. Gott wird Euch Raum geben.   20

M a r t i n. Ich bitt um Euern Namen.

G ö t z. Verzeiht mir. Lebt wohl! *(Er reicht ihm die
linke Hand.)*

M a r t i n. Warum reicht Ihr mir die Linke? Bin ich die
ritterliche Rechte nicht wert?   25

G ö t z. Und wenn Ihr der Kaiser wärt, Ihr müßtet mit
dieser vorliebnehmen. Meine Rechte, obgleich im Kriege
nicht unbrauchbar, ist gegen den Druck der Liebe un-
empfindlich: sie ist eins mit ihrem Handschuh; Ihr
seht, er ist Eisen.   30

M a r t i n. So seid Ihr Götz von Berlichingen! Ich danke
dir, Gott, daß du mich ihn hast sehen lassen, diesen
Mann, den die Fürsten hassen und zu dem die Bedrängten sich wenden! *(Er nimmt ihm die rechte
Hand.)* Laßt mir diese Hand, laßt mich sie küssen!   35

G ö t z. Ihr sollt nicht.

M a r t i n. Laßt mich! Du, mehr wert als Reliquienhand,
durch die das heiligste Blut geflossen ist, totes Werkzeug, belebt durch des edelsten Geistes Vertrauen auf
Gott!   40

Götz *(setzt den Helm auf und nimmt die Lanze).*

Martin. Es war ein Mönch bei uns vor Jahr und Tag,
der Euch besuchte, wie sie Euch abgeschossen ward vor
Landshut. Wie er uns erzählte, was Ihr littet, und wie
5 sehr es Euch schmerzte, zu Eurem Beruf verstümmelt
zu sein, und wie Euch einfiel, von einem gehört zu
haben, der auch nur *eine* Hand hatte und als tapferer
Reitersmann doch noch lange diente – ich werde das
nie vergessen.

10   *(Die zwei Knechte kommen.)*

Götz *(zu ihnen. Sie reden heimlich).*

Martin *(fährt inzwischen fort).* Ich werde das nie
vergessen, wie er im edelsten einfältigsten Vertrauen
auf Gott sprach: »Und wenn ich zwölf Händ hätte
15 und deine Gnad wollt mir nicht, was würden sie mir
fruchten? So kann ich mit *einer*« –

Götz. In den Haslacher Wald also. *(Kehrt sich zu
Martin.)* Lebt wohl, werter Bruder Martin. *(Küßt ihn.)*

Martin. Vergeßt mich nicht, wie ich Euer nicht ver-
20 gesse.

       (Götz ab.)

Martin. Wie mir's so eng ums Herz ward, da ich ihn
sah. Er redete nichts, und mein Geist konnte doch den
seinigen unterscheiden. Es ist eine Wollust, einen gro-
25 ßen Mann zu sehn.

Georg. Ehrwürdiger Herr, Ihr schlaft doch bei uns?

Martin. Kann ich ein Bett haben?

Georg. Nein, Herr! ich kenne Betten nur vom Hören-
sagen, in unsrer Herberg ist nichts als Stroh.

30 Martin. Auch gut. Wie heißt du?

Georg. Georg, ehrwürdiger Herr!

Martin. Georg! da hast du einen tapfern Patron.

Georg. Sie sagen, er sei ein Reiter gewesen; das will
ich auch sein.

35 Martin. Warte! *(Zieht ein Gebetbuch hervor und gibt
dem Buben einen Heiligen.)* Da hast du ihn. Folge seinem Beispiel, sei brav und fürchte Gott! *(Martin
geht.)*

Georg. Ach ein schöner Schimmel! wenn ich einmal so
40 einen hätte! – und die goldene Rüstung! – Das ist ein

garstiger Drach – Jetzt schieß ich nach Sperlingen –
Heiliger Georg! mach mich groß und stark, gib mir so
eine Lanze, Rüstung und Pferd, dann laß mir die
Drachen kommen!

Jagsthausen. Götzens Burg   5

Elisabeth. Maria. Karl, sein Söhnchen.

K a r l. Ich bitte dich, liebe Tante, erzähl mir das noch
einmal vom frommen Kind, 's is gar zu schön.
M a r i a. Erzähl du mir's, kleiner Schelm, da will ich
hören, ob du achtgibst.   10
K a r l. Wart e bis, ich will mich bedenken. – Es war ein-
mal – ja – es war einmal ein Kind, und sein Mutter
war krank, da ging das Kind hin –
M a r i a. Nicht doch. Da sagte die Mutter: »Liebes
Kind« –   15
K a r l. »Ich bin krank« –
M a r i a. »Und kann nicht ausgehn« –
K a r l. Und gab ihm Geld und sagte: »Geh hin, und hol
dir ein Frühstück.« Da kam ein armer Mann –
M a r i a. Das Kind ging, da begegnet' ihm ein alter   20
Mann, der war – nun Karl!
K a r l. Der war – alt –
M a r i a. Freilich! der kaum mehr gehen konnte, und
sagte: »Liebes Kind« –
K a r l. »Schenk mir was, ich habe kein Brot gessen ge- 25
stern und heut.« Da gab ihm 's Kind das Geld –
M a r i a. Das für sein Frühstück sein sollte.
K a r l. Da sagte der alte Mann –
M a r i a. Da nahm der alte Mann das Kind –
K a r l. Bei der Hand, und sagte – und ward ein schöner 30
glänzender Heiliger, und sagte: – »Liebes Kind« –
M a r i a. »Für deine Wohltätigkeit belohnt dich die
Mutter Gottes durch mich: welchen Kranken du an-
rührst« –
K a r l. »Mit der Hand« – es war die rechte, glaub ich. 35
M a r i a. Ja.
K a r l. »Der wird gleich gesund.«

M a r i a. Da lief das Kind nach Haus und konnt für
Freuden nichts reden.

K a r l. Und fiel seiner Mutter um den Hals und weinte
für Freuden —

5 M a r i a. Da rief die Mutter: »Wie ist mir!« und war —
nun Karl!

K a r l. Und war — und war —

M a r i a. Du gibst schon nicht acht! — und war gesund.
Und das Kind kurierte König und Kaiser, und wurde

10 so reich, daß es ein großes Kloster bauete.

E l i s a b e t h. Ich kann nicht begreifen, wo mein Herr
bleibt. Schon fünf Tag und Nächte, daß er weg ist,
und er hoffte so bald seinen Streich auszuführen.

M a r i a. Mich ängstigt's lang. Wenn ich so einen Mann

15 haben sollte, der sich immer Gefahren aussetzte, ich
stürbe im ersten Jahr.

E l i s a b e t h. Dafür dank ich Gott, daß er mich härter
zusammengesetzt hat.

K a r l. Aber muß dann der Vater ausreiten, wenn's so

20 gefährlich ist?

M a r i a. Es ist sein guter Wille so.

E l i s a b e t h. Wohl muß er, lieber Karl.

K a r l. Warum?

E l i s a b e t h. Weißt du noch, wie er das letztemal aus-

25 ritt, da er dir Weck mitbrachte?

K a r l. Bringt er mir wieder mit?

E l i s a b e t h. Ich glaub wohl. Siehst du, da war ein
Schneider von Stuttgart, der war ein trefflicher Bogen-
schütz, und hatte zu Köln auf'm Schießen das Beste

30 gewonnen.

K a r l. War's viel?

E l i s a b e t h. Hundert Taler. Und darnach wollten
sie's ihm nicht geben.

M a r i a. Gelt, das ist garstig, Karl?

35 K a r l. Garstige Leut!

E l i s a b e t h. Da kam der Schneider zu deinem Vater
und bat ihn, er möchte ihm zu seinem Geld verhelfen.
Und da ritt er aus und nahm den Kölnern ein paar
Kaufleute weg, und plagte sie so lang, bis sie das Geld

40 herausgaben. Wärst du nicht auch ausgeritten?

K a r l. Nein! da muß man durch einen dicken, dicken
  Wald, sind Zigeuner und Hexen drin.
E l i s a b e t h. Ist ein rechter Bursch, fürcht sich vor
  Hexen!
M a r i a. Du tust besser, Karl! leb du einmal auf deinem   5
  Schloß als ein frommer christlicher Ritter. Auf seinen
  eigenen Gütern findet man zum Wohltun Gelegenheit
  genug. Die rechtschaffensten Ritter begehen mehr Un-
  gerechtigkeit als Gerechtigkeit auf ihren Zügen.
E l i s a b e t h. Schwester, du weißt nicht, was du redst.   10
  Gebe nur Gott, daß unser Junge mit der Zeit braver
  wird, und dem Weislingen nicht nachschlägt, der so
  treulos an meinem Mann handelt.
M a r i a. Wir wollen nicht richten, Elisabeth. Mein
  Bruder ist sehr erbittert, du auch. Ich bin bei der gan-   15
  zen Sache mehr Zuschauer, und kann billiger sein.
E l i s a b e t h. Er ist nicht zu entschuldigen.
M a r i a. Was ich von ihm gehört, hat mich eingenommen. Erzählte nicht selbst dein Mann so viel Liebes
  und Gutes von ihm! Wie glücklich war ihre Jugend, als   20
  sie zusammen Edelknaben des Markgrafen waren!
E l i s a b e t h. Das mag sein. Nur das sein. Nur das, was kann der
  Mensch je Gutes gehabt haben, der seinem besten treus-
  sten Freunde nachstellt, seine Dienste den Feinden
  meines Mannes verkauft, und unsern trefflichen Kai-   25
  ser, der uns so gnädig ist, mit falschen widrigen Vor-
  stellungen einzunehmen sucht.
K a r l. Der Vater! der Vater! Der Türner bläst 's Lie-
  del: »Heisa, mach 's Tor auf.«
E l i s a b e t h. Da kommt er mit Beute.   30
           (Ein Reiter kommt.)
R e i t e r. Wir haben gejagt! wir haben gefangen! Gott
  grüß Euch, edle Frauen.
E l i s a b e t h. Habt ihr den Weislingen?
R e i t e r. Ihn und drei Reiter.   35
E l i s a b e t h. Wie ging's zu, daß ihr so lang aus-
  bleibt?
R e i t e r. Wir lauerten auf ihn zwischen Nürnberg und
  Bamberg, er wollte nicht kommen, und wir wußten
  doch, er war auf dem Wege. Endlich kundschaften wir 40

ihn aus: er war seitwärts gezogen, und saß geruhig
beim Grafen auf dem Schwarzenberg.

E l i s a b e t h. Den möchten sie auch gern meinem Mann
feind haben.

5 R e i t e r. Ich sagt's gleich dem Herrn. Auf! und wir
ritten in Haslacher Wald. Und da war's kurios: wie
wir so in die Nacht reiten, hüt just ein Schäfer da, und
fallen fünf Wölf in die Herd und packten weidlich an.
Da lachte unser Herr und sagte: »Glück zu, liebe Ge-
10 sellen! Glück überall und uns auch!« Und es freuet'
uns all das gute Zeichen. Indem so kommt der Weislingen hergeritten mit vier Knechten.

M a r i a. Das Herz zittert mir im Leibe.

R e i t e r. Ich und mein Kamerad, wie's der Herr befoh-
15 len hatte, nistelten uns an ihn, als wären wir zusam-
mengewachsen, daß er sich nicht regen noch rühren konnte, und der Herr und der Hans fielen über die Knechte
her und nahmen sie in Pflicht. Einer ist entwischt.

E l i s a b e t h. Ich bin neugierig, ihn zu sehn. Kommen
20 sie bald?

R e i t e r. Sie reiten das Tal herauf, in einer Viertelstund sind sie hier.

M a r i a. Er wird niedergeschlagen sein.

R e i t e r. Finster genug sieht er aus.

25 M a r i a. Sein Anblick wird mir im Herzen weh tun.

E l i s a b e t h. Ah! – Ich will gleich das Essen zurecht-
machen. Hungrig werdet ihr doch alle sein.

R e i t e r. Rechtschaffen.

E l i s a b e t h. Nimm den Kellerschlüssel und hol vom
30 besten Wein! Sie haben ihn verdient. *(Ab.)*

K a r l. Ich will mit, Tante.

M a r i a. Komm, Bursch. *(Ab.)*

R e i t e r. Der wird nicht sein Vater, sonst ging' er mit
in Stall!

35   *(Götz. Weislingen. Reitersknechte.)*

G ö t z *(Helm und Schwert auf den Tisch legend)*.
Schnallt mir den Harnisch auf, und gebt mir mein
Wams. Die Bequemlichkeit wird mir wohl tun. Bruder
Martin, du sagtest recht – Ihr habt uns in Atem er-
40 halten, Weislingen.

W e i s l i n g e n *(antwortet nichts, auf und ab gehend).*
G ö t z. Seid gutes Muts. Kommt, entwaffnet Euch. Wo
   sind Eure Kleider? Ich hoffe, es soll nichts verloren-
   gegangen sein. *(Zum Knecht.)* Frag seine Knechte, und
   öffnet das Gepäcke, und seht zu, daß nichts abhanden   5
   komme. Ich könnt Euch auch von den meinigen borgen.
W e i s l i n g e n. Laßt mich so, es ist all eins.
G ö t z. Könnt Euch ein hübsches saubres Kleid geben,
   ist zwar nur leinen. Mir ist's zu eng worden. Ich hatt's
   auf der Hochzeit meines gnädigen Herrn des Pfalz-   10
   grafen an, eben damals, als Euer Bischof so giftig über
   mich wurde. Ich hatt' ihm, vierzehn Tag vorher, zwei
   Schiff auf dem Main niedergeworfen. Und ich geh mit
   Franzen von Sickingen im Wirtshaus zum Hirsch in
   Heidelberg die Trepp hinauf. Eh man noch ganz dro-   15
   ben ist, ist ein Absatz und ein eisen Geländerlein, da
   stund der Bischof und gab Franzen die Hand, wie er
   vorbeiging, und gab sie mir auch, wie ich hintendrein
   kam. Ich lacht in meinem Herzen, und ging zum Land-
   grafen von Hanau, der mir gar ein lieber Herr war,   20
   und sagte: »Der Bischof hat mir die Hand geben, ich
   wett, er hat mich nicht gekannt.« Das hört' der Bischof, denn ich red't laut mit Fleiß, und kam zu uns
   trotzig – und sagte: »Wohl, weil ich Euch nicht kannt
   hab, gab ich Euch die Hand.« Da sagt ich: »Herre, ich   25
   merkt's wohl, daß Ihr mich nicht kanntet, und hiermit
   habt Ihr Eure Hand wieder.« Da ward das Männlein
   so rot am Hals wie ein Krebs vor Zorn und lief in die
   Stube zu Pfalzgraf Ludwig und dem Fürsten von Nas-
   sau und klagt's ihnen. Wir haben nachher uns oft was   30
   drüber zugute getan.
W e i s l i n g e n. Ich wollt, Ihr ließt mich allein.
G ö t z. Warum das? Ich bitt Euch, seid aufgeräumt. Ihr
   seid in meiner Gewalt, und ich werd sie nicht miß-
   brauchen.   35
W e i s l i n g e n. Dafür war mir's noch nicht bange. Das
   ist Eure Ritterpflicht.
G ö t z. Und Ihr wißt, daß die mir heilig ist.
W e i s l i n g e n. Ich bin gefangen; das übrige ist eins.
G ö t z. Ihr solltet nicht so reden. Wenn Ihr's mit Für-   40

sten zu tun hättet, und sie Euch in tiefen Turn an
Ketten aufhingen, und der Wächter Euch den Schlaf
wegpfeifen müßte!

(Die Knechte mit den Kleidern.)

5 W e i s l i n g e n *(zieht sich aus und an).*

(Karl kommt.)

K a r l. Guten Morgen, Vater!

G ö t z *(küßt ihn).* Guten Morgen, Junge. Wie habt ihr
die Zeit gelebt?

10 K a r l. Recht geschickt, Vater! Die Tante sagt: ich sei
recht geschickt.

G ö t z. So!

K a r l. Hast du mir was mitgebracht?

G ö t z. Diesmal nicht.

15 K a r l. Ich hab viel gelernt.

G ö t z. Ei!

K a r l. Soll ich dir vom frommen Kind erzählen?

G ö t z. Nach Tische.

K a r l. Ich weiß noch was.

20 G ö t z. Was wird das sein?

K a r l. Jagsthausen ist ein Dorf und Schloß an der
Jagst, gehört seit zweihundert Jahren den Herrn von
Berlichingen erb- und eigentümlich zu.

G ö t z. Kennst du den Herrn von Berlichingen?

25 K a r l *(sieht ihn starr an).*

G ö t z *(vor sich).* Er kennt wohl vor lauter Gelehrsam-
keit seinen Vater nicht. – Wem gehört Jagsthausen?

K a r l. Jagsthausen ist ein Dorf und Schloß an der
Jagst.

30 G ö t z. Das frag ich nicht. – Ich kannte alle Pfade, Weg
und Furten, eh ich wußte, wie Fluß, Dorf und Burg
hieß. – Die Mutter ist in der Küche?

K a r l. Ja, Vater! Sie kocht weiße Rüben und ein
Lammsbraten.

35 G ö t z. Weißt du's auch, Hans Küchenmeister?

K a r l. Und für mich zum Nachtisch hat die Tante einen
Apfel gebraten.

G ö t z. Kannst du sie nicht roh essen?

K a r l. Schmeckt so besser.

40 G ö t z. Du mußt immer was Apartes haben. – Weis-

lingen! ich bin gleich wieder bei Euch. Ich muß meine
Frau doch sehn. Komm mit, Karl.

K a r l. Wer ist der Mann?

G ö t z. Grüß ihn. Bitt ihn, er soll lustig sein.

K a r l. Da, Mann! hast du eine Hand, sei lustig, das 5
Essen ist bald fertig.

W e i s l i n g e n *(hebt ihn in die Höh und küßt ihn).*
Glückliches Kind! das kein Übel kennt, als wenn die
Suppe lang ausbleibt. Gott laß Euch viel Freud am
Knaben erleben, Berlichingen.   10

G ö t z. Wo viel Licht ist, ist starker Schatten – doch
wär mir's willkommen. Wollen sehn, was es gibt.
                        (Sie gehn.)

W e i s l i n g e n. O daß ich aufwachte! und das alles
wäre ein Traum! In Berlichingens Gewalt! von dem 15
ich mich kaum losgearbeitet habe, dessen Andenken ich
mied wie Feuer, den ich hoffte zu überwältigen! Und
er – der alte treuherzige Götz! Heiliger Gott, was will,
will aus dem allen werden? Rückgeführt, Adelbert, in
den Saal! wo wir als Buben unsere Jagd trieben – da 20
du ihn liebtest, an ihm hingst wie an deiner Seele.
Wer kann ihm nahen und ihn hassen? Ach! ich bin so
ganz nichts hier! Glückselige Zeiten, ihr seid vorbei,
da noch der alte Berlichingen hier am Kamin saß, da
wir um ihn durcheinander spielten und uns liebten 25
wie die Engel. Wie wird sich der Bischof ängstigen,
und meine Freunde. Ich weiß, das ganze Land nimmt
teil an meinem Unfall. Was ist's! Können sie mir geben, wornach ich strebe?

G ö t z *(mit einer Flasche Wein und Becher).* Bis das 30
Essen fertig wird, wollen wir eins trinken. Kommt,
setzt Euch, tut, als wenn Ihr zu Hause wärt! Denkt,
Ihr seid einmal wieder beim Götz. Haben doch lange
nicht beisammengesessen, lang keine Flasche miteinander ausgestochen. *(Bringt's ihm.)* Ein fröhlich Herz! 35

W e i s l i n g e n. Die Zeiten sind vorbei.

G ö t z. Behüte Gott! Zwar vergnügtere Tage werden
wir wohl nicht wieder finden als an des Markgrafen
Hof, da wir noch beisammenschliefen und miteinander
umherzogen. Ich erinnere mich mit Freuden meiner 40

Jugend. Wißt Ihr noch, wie ich mit dem Polacken
Händel kriegte, dem ich sein gepicht und gekräuselt
Haar von ungefähr mit dem Ärmel verwischte?

Weislingen. Es war bei Tische, und er stach nach
5 Euch mit dem Messer.

Götz. Den schlug ich wacker aus dazumal, und darüber wurdet Ihr mit seinem Kameraden zu Unfried.
Wir hielten immer redlich zusammen als gute brave
Jungen, dafür erkennte uns auch jedermann. *(Schenkt*
10 *ein und bringt's.)* Kastor und Pollux! Mir tat's immer
im Herzen wohl, wenn uns der Markgraf so nannte.

Weislingen. Der Bischof von Würzburg hatte es
aufgebracht.

Götz. Das war ein gelehrter Herr, und dabei so leut-
15 selig. Ich erinnere mich seiner, so lange ich lebe, wie er
uns liebkoste, unsere Eintracht lobte und den Menschen glücklich pries, der ein Zwillingsbruder seines
Freundes wäre.

Weislingen. Nichts mehr davon!

20 Götz. Warum nicht? Nach der Arbeit wüßt ich nichts
Angenehmers, als mich des Vergangenen zu erinnern.
Freilich, wenn ich wieder so bedenke, wie wir Liebs
und Leids zusammen trugen, einander alles waren,
und wie ich damals wähnte, so sollt's unser ganzes
25 Leben sein! War das nicht all mein Trost, wie mir
diese Hand weggeschossen ward vor Landshut, und du
mein pflegtest und mehr als Bruder für mich sorgtest?
Ich hoffte, Adelbert wird künftig meine rechte Hand
sein. Und nun –

30 Weislingen. Oh!

Götz. Wenn du mir damals gefolgt hättest, da ich dir
anlag, mit nach Brabant zu ziehen, es wäre alles gut
geblieben. Da hielt dich das unglückliche Hofleben
und das Schlenzen und Scherwenzen mit den Weibern.
35 Ich sagt es dir immer, wenn du dich mit den eiteln
garstigen Vetteln abgabst und ihnen erzähltest von
mißvergnügten Ehen, verführten Mädchen, der rauhen
Haut einer Dritten, oder was sie sonst gerne hören:
»Du wirst ein Spitzbub«, sagt ich, »Adelbert.«

40 Weislingen. Wozu soll das alles?

Götz. Wollte Gott, ich könnt's vergessen, oder es wär
anders! Bist du nicht ebenso frei, so edel geboren als
einer in Deutschland, unabhängig, nur dem Kaiser
untertan, und du schmiegst dich unter Vasallen? Was
hast du von dem Bischof? Weil er dein Nachbar ist? 5
dich necken könnte? Hast du nicht Arme und Freunde,
ihn wieder zu necken? Verkennst den Wert eines freien
Rittersmanns, der nur abhängt von Gott, seinem Kaiser und sich selbst! Verkriechst dich zum ersten Hofschranzen eines eigensinnigen neidischen Pfaffen! 10
Weislingen. Laßt mich reden.
Götz. Was hast du zu sagen?
Weislingen. Du siehst die Fürsten an, wie der Wolf
den Hirten. Und doch, darfst du sie schelten, daß sie
ihrer Leut und Länder Bestes wahren? Sind sie denn 15
einen Augenblick vor der ungerechten Rittern sicher,
die ihre Untertanen auf allen Straßen anfallen, ihre
Dörfer und Schlösser verheeren? Wenn nun auf der
andern Seite unsers teuern Kaisers Länder der Gewalt
des Erbfeindes ausgesetzt sind, er von den Ständen 20
Hülfe begehrt, und sie sich kaum ihres Lebens er-
wehren: ist's nicht ein guter Geist, der ihnen einrät,
auf Mittel zu denken, Deutschland zu beruhigen, Recht
und Gerechtigkeit zu handhaben, um einen jeden,
Großen und Kleinen, die Vorteile des Friedens genie- 25
ßen zu machen? Und uns verdenkst du's, Berlichingen,
daß wir uns in ihren Schutz begeben, deren Hülfe uns
nah ist, statt daß die entfernte Majestät sich selbst
nicht beschützen kann.
Götz. Ja! Ja! Ich versteh! Weislingen, wären die Für- 30
sten, wie Ihr sie schildert, wir hätten alle, was wir be-
gehren. Ruh und Frieden! Ich glaub's wohl! Den
wünscht jeder Raubvogel, die Beute nach Bequemlichkeit zu verzehren. Wohlsein eines jeden! Daß sie sich
nur darum graue Haare wachsen ließen! Und mit un- 35
serm Kaiser spielen sie auf eine unanständige Art. Er
meint's gut und möcht gern bessern. Da kommt denn
alle Tage ein neuer Pfannenflicker und meint so und
so. Und weil der Herr geschwind etwas begreift, und
nur reden darf, um tausend Hände in Bewegung zu 40

setzen, so denkt er, es wär auch alles so geschwind und
leicht ausgeführt. Nun ergehn Verordnungen über Verordnungen, und wird eine über die andere vergessen;
und was den Fürsten in ihren Kram dient, da sind sie
5   hinterher, und gloriieren von Ruh und Sicherheit des
Reichs, bis sie die Kleinen unterm Fuß haben. Ich will
darauf schwören, es dankt mancher in seinem Herzen
Gott, daß der Türk dem Kaiser die Waage hält.

W e i s l i n g e n. Ihr seht's von Eurer Seite.

10 G ö t z. Das tut jeder. Es ist die Frage, auf welcher Licht
und Recht ist, und eure Gänge scheuen wenigstens den
Tag.

W e i s l i n g e n. Ihr dürft reden, ich bin der Gefangne.

G ö t z. Wenn Euer Gewissen rein ist, so seid Ihr frei.
15   Aber wie war's um den Landfrieden? Ich weiß noch,
als ein Bub von sechzehn Jahren war ich mit dem
Markgrafen auf dem Reichstag. Was die Fürsten da
für weite Mäuler machten, und die Geistlichen am ärgsten. Euer Bischof lärmte dem Kaiser die Ohren voll,
20   als wenn ihm wunder wie! die Gerechtigkeit ans Herz
gewachsen wäre; und jetzt wirft er mir selbst einen
Buben nieder, zur Zeit da unsere Händel vertragen
sind, ich an nichts Böses denke. Ist nicht alles zwischen
uns geschlichtet? Was hat er mit dem Buben?

25 W e i s l i n g e n. Es geschah ohne sein Wissen.

G ö t z. Warum gibt er ihn nicht wieder los?

W e i s l i n g e n. Er hat sich nicht aufgeführt, wie er
sollte.

G ö t z. Nicht wie er sollte? Bei meinem Eid, er hat ge-
30   tan, wie er sollte, so gewiß er mit Eurer und des Bischofs Kundschaft gefangen ist. Meint Ihr, ich komm
erst heut auf die Welt, daß ich nicht sehen soll, wo
alles hinaus will?

W e i s l i n g e n. Ihr seid argwöhnisch und tut uns un-
35   recht.

G ö t z. Weislingen, soll ich von der Leber weg reden?
Ich bin euch ein Dorn in den Augen, so klein ich bin,
und der Sickingen und Selbitz nicht weniger, weil wir
fest entschlossen sind, zu sterben eh, als jemanden die
40   Luft zu verdanken, außer Gott, und unsere Treu und

Dienst zu leisten, als dem Kaiser. Da ziehen sie nun
um mich herum, verschwärzen mich bei Ihro Majestät
und ihren Freunden und meinen Nachbarn, und spio-
nieren nach Vorteil über mich. Aus dem Wege wollen
sie mich haben, wie's wäre. Darum nahmt ihr meinen   5
Buben gefangen, weil ihr wußtet, ich hatt' ihn auf
Kundschaft ausgeschickt; und darum tat er nicht, was
er sollte, weil er mich nicht an euch verriet. Und du,
Weislingen, bist ihr Werkzeug!

W e i s l i n g e n. Berlichingen!   10

G ö t z. Kein Wort mehr davon! Ich bin ein Feind von
Explikationen; man betriegt sich oder den andern, und
meist beide.

K a r l. Zu Tisch, Vater.

G ö t z. Fröhliche Botschaft! – Kommt! ich hoffe, meine   15
Weibsleute sollen Euch munter machen. Ihr wart sonst
ein Liebhaber, die Fräulein wußten von Euch zu erzählen. Kommt! *(Ab.)*

I m b i s c h ö f l i c h e n P a l a s t e z u B a m b e r g
D e r S p e i s e s a a l   20

Bischof von Bamberg. Abt von Fulda. Olearius. Liebe-
traut. Hofleute.
An Tafel. Der Nachtisch und die großen Pokale werden
aufgetragen.

B i s c h o f. Studieren jetzt viele Deutsche von Adel zu   25
Bologna?

O l e a r i u s. Vom Adel- und Bürgerstande. Und ohne
Ruhm zu melden, tragen sie das größte Lob davon.
Man pflegt im Sprichwort auf der Akademie zu sagen:
»So fleißig wie ein Deutscher von Adel.« Denn indem   30
die Bürgerlichen einen rühmlichen Fleiß anwenden,
durch Talente den Mangel der Geburt zu ersetzen, so
bestreben sich jene, mit rühmlicher Wetteiferung, ihre
angeborne Würde durch die glänzendsten Verdienste
zu erhöhen.   35

A b t. Ei!

L i e b e t r a u t. Sag einer, was man nicht erlebet. So

fleißig wie ein Deutscher von Adel! Das hab ich mein
Tage nicht gehört.

O l e a r i u s. Ja, sie sind die Bewunderung der ganzen
Akademie. Es werden ehestens einige von den ältesten
und geschicktesten als Doktores zurückkommen. Der
Kaiser wird glücklich sein, die ersten Stellen damit be-
setzen zu können.

B i s c h o f. Das kann nicht fehlen.

A b t. Kennen Sie nicht zum Exempel einen Junker? – Er
ist aus Hessen –

O l e a r i u s. Es sind viel Hessen da.

A b t. Er heißt – er ist – Weiß es keiner von euch? –
Seine Mutter war eine von – Oh! Sein Vater hatte nur
ein Aug – und war Marschall.

L i e b e t r a u t. Von Wildenholz?

A b t. Recht – von Wildenholz.

O l e a r i u s. Den kenn ich wohl, ein junger Herr von
vielen Fähigkeiten. Besonders rühmt man ihn wegen
seiner Stärke im Disputieren.

A b t. Das hat er von seiner Mutter.

L i e b e t r a u t. Nur wollte sie ihr Mann niemals drum
rühmen.

B i s c h o f. Wie sagtet Ihr, daß der Kaiser hieß, der
Euer »Corpus Juris« geschrieben hat?

O l e a r i u s. Justinianus.

B i s c h o f. Ein trefflicher Herr! er soll leben!

O l e a r i u s. Sein Andenken!
                   (Sie trinken.)

A b t. Es mag ein schön Buch sein.

O l e a r i u s. Man möcht's wohl ein Buch aller Bücher
nennen; eine Sammlung aller Gesetze; bei jedem Fall
der Urteilsspruch bereit; und was ja noch abgängig
oder dunkel wäre, ersetzen die Glossen, womit die ge-
lehrtesten Männer das vortrefflichste Werk geschmückt
haben.

A b t. Eine Sammlung aller Gesetze! Potz! Da müssen
wohl auch die Zehn Gebote drin sein.

O l e a r i u s. Implicite wohl, nicht explicite.

A b t. Das mein ich auch, an und vor sich, ohne weitere
Explikation.

B i s c h o f. Und was das Schönste ist, so könnte, wie Ihr
sagt, ein Reich in sicherster Ruhe und Frieden leben,
wo es völlig eingeführt und recht gehandhabt würde.
O l e a r i u s. Ohne Frage.
B i s c h o f. Alle Doctores Juris!   5
O l e a r i u s. Ich werd's zu rühmen wissen. *(Sie trinken.)*
Wollte Gott, man spräche so in meinem Vaterlande!
A b t. Wo seid Ihr her, hochgelahrter Herr?
O l e a r i u s. Von Frankfurt am Main, Ihro Eminenz zu
dienen.   10
B i s c h o f. Steht ihr Herrn da nicht wohl angeschrie-
ben? Wie kommt das?
O l e a r i u s. Sonderbar genug. Ich war da, meines Vaters Erbschaft abzuholen; der Pöbel hätte mich fast
gesteinigt, wie er hörte, ich sei ein Jurist.   15
A b t. Behüte Gott!
O l e a r i u s. Aber das kommt daher: Der Schöppenstuhl, der in großem Ansehn weit umher steht, ist mit
lauter Leuten besetzt, die der Römischen Rechte unkundig sind. Man glaubt, es sei genug, durch Alter und   20
Erfahrung sich eine genaue Kenntnis des innern und
äußern Zustandes der Stadt zu erwerben. So werden,
nach altem Herkommen und wenigen Statuten, die
Bürger und die Nachbarschaft gerichtet.
A b t. Das ist wohl gut.   25
O l e a r i u s. Aber lange nicht genug. Der Menschen Le-
ben ist kurz, und in *einer* Generation kommen nicht
alle Kasus vor. Eine Sammlung solcher Fälle von vielen Jahrhunderten ist unser Gesetzbuch. Und dann ist
der Wille und die Meinung der Menschen schwankend;   30
dem deucht heute das recht, was der andere morgen
mißbilliget; und so ist Verwirrung und Ungerechtig-
keit unvermeidlich. Das alles bestimmen die Gesetze;
und die Gesetze sind unveränderlich.
A b t. Das ist freilich besser.   35
O l e a r i u s. Das erkennt der Pöbel nicht, der, so gierig
er auf Neuigkeiten ist, das Neue höchst verabscheuet,
das ihn aus seinem Gleise leiten will, und wenn er sich
noch so sehr dadurch verbessert. Sie halten den Juristen so arg, als einen Verwirrer des Staats, einen Beu-   40

telschneider, und sind wie rasend, wenn einer dort sich
niederzulassen gedenkt.

L i e b e t r a u t. Ihr seid von Frankfurt! Ich bin wohl
da bekannt. Bei Kaiser Maximilians Krönung haben
5 wir Euern Bräutigams was vorgeschmaust. Euer Name
ist Olearius? Ich kenne so niemanden.

O l e a r i u s. Mein Vater hieß Öhlmann. Nur, den
Mißstand auf dem Titel meiner lateinischen Schriften
zu vermeiden, nenn ich mich, nach dem Beispiel und
10 auf Anraten würdiger Rechtslehrer, Olearius.

L i e b e t r a u t. Ihr tatet wohl, daß Ihr Euch übersetztet.
Ein Prophet gilt nichts in seinem Vaterlande, es hätt'
Euch in Eurer Muttersprache auch so gehen können.

O l e a r i u s. Es war nicht darum.

15 L i e b e t r a u t. Alle Dinge haben ein paar Ursachen.

A b t. Ein Prophet gilt nichts in seinem Vaterlande!

L i e b e t r a u t. Wißt Ihr auch warum, hochwürdiger
Herr?

A b t. Weil er da geboren und erzogen ist.

20 L i e b e t r a u t. Wohl! Das mag die *eine* Ursache sein.
Die andere ist: Weil, bei einer näheren Bekanntschaft
mit den Herrn, der Nimbus von Ehrwürdigkeit und
Heiligkeit wegschwindet, den uns eine neblichte Ferne
um sie herumlügt; und dann sind sie ganz kleine
25 Stümpfchen Unschlitt.

O l e a r i u s. Es scheint, Ihr seid dazu bestellt, Wahrheiten zu sagen.

L i e b e t r a u t. Weil ich 's Herz dazu hab, so fehlt mir's
nicht am Maul.

30 O l e a r i u s. Aber doch an Geschicklichkeit, sie wohl
anzubringen.

L i e b e t r a u t. Schröpfköpfe sind wohl angebracht, wo
sie ziehen.

O l e a r i u s. Bader erkennt man an der Schürze und
35 nimmt in ihrem Amte ihnen nichts übel. Zur Vorsorge
tätet Ihr wohl, wenn Ihr eine Schellenkappe trügt.

L i e b e t r a u t. Wo habt Ihr promoviert? Es ist nur
zur Nachfrage, wenn mir einmal der Einfall käme,
daß ich gleich vor die rechte Schmiede ginge.

40 O l e a r i u s. Ihr seid verwegen.

L i e b e t r a u t. Und Ihr sehr breit.
                    (Bischof und Abt lachen.)
B i s c h o f. Von was anders! – Nicht so hitzig, ihr
    Herrn. Bei Tisch geht alles drein – Einen andern Dis-
    kurs, Liebetraut!   5
L i e b e t r a u t. Gegen Frankfurt liegt ein Ding über,
    heißt Sachsenhausen –
O l e a r i u s *(zum Bischof)*. Was spricht man vom Tür-
    kenzug, Ihro Fürstliche Gnaden?
B i s c h o f. Der Kaiser hat nichts Angelegners, als vor- 10
    erst das Reich zu beruhigen, die Fehden abzuschaffen
    und das Ansehn der Gerichte zu befestigen. Dann, sagt
    man, wird er persönlich gegen die Feinde des Reichs
    und der Christenheit ziehen. Jetzt machen ihm seine
    Privathändel noch zu tun, und das Reich ist, trotz ein 15
    vierzig Landfrieden, noch immer eine Mördergrube.
    Franken, Schwaben, der Oberrhein und die angren-
    zenden Länder werden von übermütigen und kühnen
    Rittern verheeret. Sickingen, Selbitz mit *einem* Fuß,
    Berlichingen mit der eisernen Hand spotten in diesen 20
    Gegenden des kaiserlichen Ansehens –
A b t. Ja, wenn Ihro Majestät nicht bald dazu tun, so
    stecken einen die Kerl am End in Sack.
L i e b e t r a u t. Das müßt ein Kerl sein, der das Wein-
    faß von Fuld in den Sack schieben wollte.   25
B i s c h o f. Besonders ist der letzte seit vielen Jahren
    mein unversöhnlicher Feind, und molestiert mich un-
    säglich; aber es soll nicht lang mehr währen, hoff ich.
    Der Kaiser hält jetzt seinen Hof zu Augsburg. Wir
    haben unsere Maßregeln genommen, es kann uns nicht 30
    fehlen. – Herr Doktor, kennt Ihr Adelberten von
    Weislingen?
O l e a r i u s. Nein, Ihro Eminenz.
B i s c h o f. Wenn Ihr die Ankunft dieses Mannes er-
    wartet, werdet Ihr Euch freuen, den edelsten, ver- 35
    ständigsten und angenehmsten Ritter in *einer* Person
    zu sehen.
O l e a r i u s. Es muß ein vortrefflicher Mann sein, der sol-
    che Lobeserhebungen aus solch einem Munde verdient.
L i e b e t r a u t. Er ist auf keiner Akademie gewesen. 40

B i s c h o f. Das wissen wir. *(Die Bedienten laufen ans Fenster.)* Was gibt's?

E i n   B e d i e n t e r. Eben reit Färber, Weislingens Knecht, zum Schloßtor herein.

5 **B i s c h o f.** Seht, was er bringt, er wird ihn melden.

(Liebetraut geht. Sie stehn auf und trinken noch eins. – Liebetraut kommt zurück.)

B i s c h o f. Was für Nachrichten?

L i e b e t r a u t. Ich wollt, es müßt sie Euch ein andrer
10 sagen. Weislingen ist gefangen.

B i s c h o f. Oh!

L i e b e t r a u t. Berlichingen hat ihn und drei Knechte bei Haslach weggenommen. Einer ist entronnen, Euch's anzusagen.

15 **A b t.** Eine Hiobspost.

O l e a r i u s. Es tut mir von Herzen leid.

B i s c h o f. Ich will den Knecht sehn, bringt ihn herauf – Ich will ihn selbst sprechen. Bringt ihn in mein Kabinett. *(Ab.)*

20 **A b t** *(setzt sich)*. Noch einen Schluck.

(Die Knechte schenken ein.)

O l e a r i u s. Belieben Ihro Hochwürden nicht eine kleine Promenade in den Garten zu machen? Post coenam stabis seu passus mille meabis.

25 **L i e b e t r a u t.** Wahrhaftig, das Sitzen ist Ihnen nicht gesund. Sie kriegen noch einen Schlagfluß.

A b t *(hebt sich auf)*.

L i e b e t r a u t *(vor sich)*. Wann ich ihn nur draußen hab, will ich ihm fürs Exerzitium sorgen.

30   *(Gehn ab.)*

J a g s t h a u s e n

Maria. Weislingen.

M a r i a. Ihr liebt mich, sagt Ihr. Ich glaub es gerne und hoffe, mit Euch glücklich zu sein und Euch glücklich zu
35 machen.

W e i s l i n g e n. Ich fühle nichts, als nur daß ich ganz dein bin. *(Er umarmt sie.)*

M a r i a. Ich bitte Euch, laßt mich. Einen Kuß hab ich
Euch zum Gottespfennig erlaubt; Ihr scheint aber
schon von dem Besitz nehmen zu wollen, was nur
unter Bedingungen Euer ist.

W e i s l i n g e n. Ihr seid zu streng, Maria! Unschuldige 5
Liebe erfreut die Gottheit, statt sie zu beleidigen.

M a r i a. Es sei! Aber ich bin nicht dadurch erbaut. Man
lehrte mich: Liebkosungen sein wie Ketten, stark durch
ihre Verwandtschaft, und Mädchen, wenn sie liebten,
sein schwächer als Simson nach Verlust seiner Locken. 10

W e i s l i n g e n. Wer lehrte Euch das?

M a r i a. Die Äbtissin meines Klosters. Bis in mein sech-
zehntes Jahr war ich bei ihr, und nur mit Euch emp-
find ich das Glück, das ich in ihrem Umgang genoß.
Sie hatte geliebt und durfte reden. Sie hatte ein Herz 15
voll Empfindung! Sie war eine vortreffliche Frau.

W e i s l i n g e n. Da glich sie dir! *(Er nimmt ihre Hand.)*
Wie wird mir's werden, wenn ich Euch verlassen soll!

M a r i a *(zieht ihre Hand zurück)*. Ein bißchen eng,
hoff ich, denn ich weiß, wie's mir sein wird. Aber Ihr 20
sollt fort.

W e i s l i n g e n. Ja, meine Teuerste, und ich will. Denn
ich fühle, welche Seligkeiten ich mir durch dies Opfer
erwerbe. Gesegnet sei dein Bruder, und der Tag, an
dem er auszog, mich zu fangen! 25

M a r i a. Sein Herz war voll Hoffnung für ihn und
dich. »Lebt wohl!« sagt' er beim Abschied, »ich will
sehen, daß ich ihn wiederfinde.«

W e i s l i n g e n. Er hat's. Wie wünscht ich, die Ver-
waltung meiner Güter und ihre Sicherheit nicht durch 30
das leidige Hofleben so versäumt zu haben! Du könntest gleich die Meinige sein.

M a r i a. Auch der Aufschub hat seine Freuden.

W e i s l i n g e n. Sage das nicht, Maria, ich muß sonst
fürchten, du empfindest weniger stark als ich. Doch 35
ich büße verdient; und welche Hoffnungen werden
mich auf jedem Schritt begleiten! Ganz der Deine zu
sein, nur in dir und dem Kreise von Guten zu leben,
von der Welt entfernt, getrennt, alle Wonne zu ge-
nießen, die so zwei Herzen einander gewähren! Was 40

ist die Gnade des Fürsten, was der Beifall der Welt
gegen diese einfache Glückseligkeit? Ich habe viel gehofft und gewünscht, das widerfährt mir über alles
Hoffen und Wünschen.

(Götz kommt.)

G ö t z. Euer Knab ist wieder da. Er konnte vor Müdigkeit und Hunger kaum etwas vorbringen. Meine Frau
gibt ihm zu essen. So viel hab ich verstanden: der Bischof will den Knaben nicht herausgeben, es sollen
Kaiserliche Kommissarien ernannt und ein Tag ausgesetzt werden, wo die Sache dann verglichen werden
mag. Dem sei, wie ihm wolle, Adelbert, Ihr seid frei;
ich verlange weiter nichts als Eure Hand, daß Ihr ins-
künftige meinen Feinden weder öffentlich noch heimlich Vorschub tun wollt.

W e i s l i n g e n. Hier faß ich Eure Hand. Laßt, von
diesem Augenblick an, Freundschaft und Vertrauen,
gleich einem ewigen Gesetz der Natur, unveränderlich
unter uns sein! Erlaubt mir zugleich, diese Hand zu
fassen *(er nimmt Mariens Hand)* und den Besitz des
edelsten Fräuleins.

G ö t z. Darf ich ja für Euch sagen?

M a r i a. Wenn Ihr es mit mir sagt.

G ö t z. Es ist ein Glück, daß unsere Vorteile diesmal
miteinander gehn. Du brauchst nicht rot zu werden.
Deine Blicke sind Beweis genug. Ja denn, Weislingen!
Gebt Euch die Hände, und so sprech ich Amen! –
Mein Freund und Bruder! – Ich danke dir, Schwester!
Du kannst mehr als Hanf spinnen. Du hast einen Fa-
den gedreht, diesen Paradiesvogel zu fesseln. Du siehst
nicht ganz frei, Adelbert! Was fehlt dir? Ich – bin
ganz glücklich; was ich nur träumend hoffte, seh ich,
und bin wie träumend. Ach! nun ist mein Traum aus.
Mir war's heute nacht, ich gäb dir meine rechte eiserne
Hand, und du hieltest mich so fest, daß sie aus den
Armschienen ging wie abgebrochen. Ich erschrak und
wachte drüber auf. Ich hätte nur fortträumen sollen,
da würd ich gesehen haben, wie du mir eine neue le-
bendige Hand ansetztest – Du sollst mir jetzo fort,
dein Schloß und deine Güter in vollkommnen Stand

zu setzen. Der verdammte Hof hat dich beides versäumen machen. Ich muß meiner Frau rufen. Elisabeth!

M a r i a. Mein Bruder ist in voller Freude.

W e i s l i n g e n. Und doch darf ich ihm den Rang streitig machen.

G ö t z. Du wirst anmutig wohnen.

M a r i a. Franken ist ein gesegnetes Land.

W e i s l i n g e n. Und ich darf wohl sagen, mein Schloß liegt in der gesegnetsten und anmutigsten Gegend.

G ö t z. Das dürft Ihr, und ich will's behaupten. Hier 10 fließt der Main, und allmählich hebt der Berg an, der, mit Äckern und Weinbergen bekleidet, von Euerm Schloß gekrönt wird, dann biegt sich der Fluß schnell um die Ecke hinter dem Felsen Eures Schlosses hin. Die Fenster des großen Saals gehen steil herab aufs 15 Wasser, eine Aussicht viel Stunden weit.

(Elisabeth kommt.)

E l i s a b e t h. Was schafft ihr?

G ö t z. Du sollst deine Hand auch dazu geben und sagen: »Gott segne euch!« Sie sind ein Paar. 20

E l i s a b e t h. So geschwind!

G ö t z. Aber nicht unvermutet.

E l i s a b e t h. Möget Ihr Euch so immer nach ihr sehnen als bisher, da Ihr um sie warbt! Und dann! Möchtet Ihr so glücklich sein, als Ihr sie lieb behaltet! 25

W e i s l i n g e n. Amen! Ich begehre kein Glück als unter diesem Titel.

G ö t z. Der Bräutigam, meine liebe Frau, tut eine kleine Reise; denn die große Veränderung zieht viel geringe nach sich. Er entfernt sich zuerst vom Bischöflichen 30 Hof, um diese Freundschaft nach und nach erkalten zu lassen. Dann reißt er seine Güter eigennützigen Pachtern aus den Händen. Und – kommt, Schwester, komm, Elisabeth! Wir wollen ihn allein lassen. Sein Knab hat ohne Zweifel geheime Aufträge an ihn. 35

W e i s l i n g e n. Nichts, als was Ihr wissen dürft.

G ö t z. Braucht's nicht. – Franken und Schwaben! Ihr seid nun verschwisterter als jemals. Wie wollen wir den Fürsten den Daumen auf dem Aug halten!

(Die drei gehn.) 40

W e i s l i n g e n. Gott im Himmel! Konntest du mir
Unwürdigem solch eine Seligkeit bereiten? Es ist zu
viel für mein Herz. Wie ich von den elenden Menschen abhing, die ich zu beherrschen glaubte, von den
5 Blicken des Fürsten, von dem ehrerbietigen Beifall umher! Götz, teurer Götz, du hast mir selbst wieder-
gegeben, und, Maria, du vollendest meine Sinnes-
änderung. Ich fühle mich so frei wie in heiterer Luft.
Bamberg will ich nicht mehr sehen, will all die schänd-
10 lichen Verbindungen durchschneiden, die mich unter mir
selbst hielten. Mein Herz erweitert sich, hier ist kein
beschwerliches Streben nach versagter Größe. So gewiß
ist der allein glücklich und groß, der weder zu herrschen noch zu gehorchen braucht, um etwas zu sein!
15 *(Franz tritt auf.)*
F r a n z. Gott grüß Euch, gestrenger Herr! Ich bring
Euch so viel Grüße, daß ich nicht weiß, wo anzufan-
gen. Bamberg und zehn Meilen in die Runde entbieten
Euch ein tausendfaches: Gott grüß Euch!
20 W e i s l i n g e n. Willkommen, Franz! Was bringst du
mehr?
F r a n z. Ihr steht in einem Andenken bei Hof und
überall, daß es nicht zu sagen ist.
W e i s l i n g e n. Das wird nicht lange dauern.
25 F r a n z. So lang Ihr lebt! und nach Eurem Tod wird's
heller blinken als die messingenen Buchstaben auf
einem Grabstein. Wie man sich Euern Unfall zu Herzen nahm!
W e i s l i n g e n. Was sagte der Bischof?
30 F r a n z. Er war so begierig zu wissen, daß er mit geschäftiger Geschwindigkeit der Fragen meine Antwort
verhinderte. Er wußt es zwar schon; denn Färber, der
von Haslach entrann, brachte ihm die Botschaft. Aber
er wollte alles wissen. Er fragte so ängstlich, ob Ihr
35 nicht versehrt wäret? Ich sagte: »Er ist ganz, von der
äußersten Haarspitze bis zum Nagel des kleinen Zehs.«
W e i s l i n g e n. Was sagte er zu den Vorschlägen?
F r a n z. Er wollte gleich alles herausgeben, den Knaben
und noch Geld darauf, nur Euch zu befreien. Da er
40 aber hörte, Ihr solltet ohne das loskommen und nur

Euer Wort das Äquivalent gegen den Buben sein, da
wollte er absolut den Berlichingen vertagt haben. Er
sagte mir hundert Sachen an Euch – ich hab sie wieder
vergessen. Es war eine lange Predigt über die Worte:
»Ich kann Weislingen nicht entbehren.«   5

W e i s l i n g e n. Er wird's lernen müssen!

F r a n z. Wie meint Ihr? Er sagte: »Mach ihn eilen, es
wartet alles auf ihn.«

W e i s l i n g e n. Es kann warten. Ich gehe nicht nach Hof.

F r a n z. Nicht nach Hof? Herr! Wie kommt Euch das?   10
Wenn Ihr wüßtet, was ich weiß. Wenn Ihr nur träumen könntet, was ich gesehen habe.

W e i s l i n g e n. Wie wird dir's?

F r a n z. Nur von der bloßen Erinnerung komm ich
außer mir. Bamberg ist nicht mehr Bamberg, ein Engel   15
in Weibesgestalt macht es zum Vorhofe des Himmels.

W e i s l i n g e n. Nichts weiter?

F r a n z. Ich will ein Pfaff werden, wenn Ihr sie sehet
und nicht außer Euch kommt.

W e i s l i n g e n. Wer ist's denn?   20

F r a n z. Adelheid von Walldorf.

W e i s l i n g e n. Die! Ich habe viel von ihrer Schönheit
gehört.

F r a n z. Gehört? Das ist eben, als wenn Ihr sagtet: »Ich
hab die Musik gesehen.« Es ist der Zunge so wenig   25
möglich, eine Linie ihrer Vollkommenheiten auszu-
drücken, da das Aug sogar in ihrer Gegenwart sich
nicht selbst genug ist.

W e i s l i n g e n. Du bist nicht gescheit.

F r a n z. Das kann wohl sein. Das letztemal, da ich sie   30
sahe, hatte ich nicht mehr Sinne als ein Trunkener.
Oder vielmehr, kann ich sagen, ich fühlte in dem
Augenblick, wie's den Heiligen bei himmlischen Er-
scheinungen sein mag. Alle Sinne stärker, höher, voll-
kommener, und doch den Gebrauch von keinem.   35

W e i s l i n g e n. Das ist seltsam.

F r a n z. Wie ich von dem Bischof Abschied nahm, saß
sie bei ihm. Sie spielten Schach. Er war sehr gnädig,
reichte mir seine Hand zu küssen, und sagte mir vieles,
davon ich nichts vernahm. Denn ich sah seine Nach-   40

barin, sie hatte ihr Auge aufs Brett geheftet, als wenn
sie einem großen Streich nachsänne. Ein feiner lauern-
der Zug um Mund und Wange! Ich hätt' der elfen-
beinerne König sein mögen. Adel und Freundlichkeit
herrschten auf ihrer Stirn. Und das blendende Licht
des Angesichts und des Busens, wie es von den finstern
Haaren erhoben ward!

Weislingen. Du bist drüber gar zum Dichter geworden.

Franz. So fühl ich denn in dem Augenblick, was den
Dichter macht, ein volles, ganz von *einer* Empfindung
volles Herz! Wie der Bischof endigte und ich mich
neigte, sah sie mich an und sagte: »Auch von mir einen
Gruß unbekannterweise! Sag ihm, er mag ja bald
kommen. Es warten neue Freunde auf ihn; er soll sie
nicht verachten, wenn er schon an alten so reich ist.« –
Ich wollte was antworten, aber der Paß vom Herzen
nach der Zunge war versperrt, ich neigte mich. Ich
hätte mein Vermögen gegeben, die Spitze ihres kleinen
Fingers küssen zu dürfen! Wie ich so stund, warf der
Bischof einen Bauern herunter, ich fuhr darnach und
rührte im Aufheben den Saum ihres Kleides, das fuhr
mir durch alle Glieder, und ich weiß nicht, wie ich zur
Tür hinausgekommen bin.

Weislingen. Ist ihr Mann bei Hofe?

Franz. Sie ist schon vier Monat Witwe. Um sich zu
zerstreuen, hält sie sich in Bamberg auf. Ihr werdet sie
sehen. Wenn sie einen ansieht, ist's, als wenn man in
der Frühlingssonne stünde.

Weislingen. Es würde eine schwächere Wirkung auf
mich haben.

Franz. Ich höre, Ihr seid so gut als verheiratet.

Weislingen. Wollte, ich wär's. Meine sanfte Marie
wird das Glück meines Lebens machen. Ihre süße Seele
bildet sich in ihren blauen Augen. Und weiß wie ein
Engel des Himmels, gebildet aus Unschuld und Liebe,
leitet sie mein Herz zur Ruhe und Glückseligkeit. Pack
zusammen! und dann auf mein Schloß! Ich will Bamberg nicht sehen, und wenn Sankt Veit in Person meiner begehrte. *(Geht ab.)*

Franz. Da sei Gott vor! Wollen das Beste hoffen!
Maria ist liebreich und schön, und einem Gefangenen
und Kranken kann ich's nicht übelnehmen, der sich in
sie verliebt. In ihren Augen ist Trost, gesellschaftliche
Melancholie. – Aber um dich, Adelheid, ist Leben, 5
Feuer, Mut – Ich würde! – Ich bin ein Narr – dazu
machte mich *ein* Blick von ihr. Mein Herr muß hin!
Ich muß hin! Und da will ich mich wieder gescheit
oder völlig rasend gaffen.

ZWEITER AKT   10

Bamberg. Ein Saal

Bischof, Adelheid spielen Schach. Liebetraut mit einer
Zither. Frauen, Hofleute um ihn herum am Kamin.

Liebetraut *(spielt und singt).*

Mit Pfeilen und Bogen   15
Cupido geflogen,
Die Fackel in Brand,
Wollt mutilich kriegen
Und männlich siegen
Mit stürmender Hand.   20
Auf! Auf!
An! An!
Die Waffen erklirrten,
Die Flügelein schwirrten,
Die Augen entbrannt.   25

Da fand er die Busen
Ach leider so bloß,
Sie nahmen so willig
Ihn all auf den Schoß.
Er schüttet' die Pfeile   30
Zum Feuer hinein,
Sie herzten und drückten
Und wiegten ihn ein.
Hei ei o! Popeio!

A d e l h e i d. Ihr seid nicht bei Eurem Spiele. Schach
    dem König!
B i s c h o f. Es ist noch Auskunft.
A d e l h e i d. Lange werdet Ihr's nicht mehr treiben.
5   Schach dem König!
L i e b e t r a u t. Dies Spiel spielt ich nicht, wenn ich ein
    großer Herr wär, und verböt's am Hofe und im gan-
    zen Land.
A d e l h e i d. Es ist wahr, dies Spiel ist ein Probierstein
10   des Gehirns.
L i e b e t r a u t. Nicht darum! Ich wollte lieber das Ge-
    heul der Totenglocke und ominöser Vögel, lieber das
    Gebell des knurrischen Hofhunds Gewissen, lieber
    wollt ich sie durch den tiefsten Schlaf hören, als von
15   Laufern, Springern und andern Bestien das ewige:
    »Schach dem König!«
B i s c h o f. Wem wird auch das einfallen!
L i e b e t r a u t. Einem zum Exempel, der schwach wäre
    und ein stark Gewissen hätte, wie denn das meisten-
20   teils beisammen ist. Sie nennen's ein königlich Spiel
    und sagen, es sei für einen König erfunden worden,
    der den Erfinder mit einem Meer von Überfluß be-
    lohnt habe. Wenn das wahr ist, so ist mir's, als wenn
    ich ihn sähe. Er war minorenn an Verstand oder an
25   Jahren, unter der Vormundschaft seiner Mutter oder
    seiner Frau, hatte Milchhaare im Bart und Flachshaare
    um die Schläfe, er war so gefällig wie ein Weiden-
    schößling und spielte gern Dame und mit den Damen,
    nicht aus Leidenschaft, behüte Gott! nur zum Zeitver-
30   treib. Sein Hofmeister, zu tätig, um ein Gelehrter, zu
    unlenksam, ein Weltmann zu sein, erfand das Spiel in
    usum Delphini, das so homogen mit Seiner Majestät
    war – und so ferner.
A d e l h e i d. Matt! Ihr solltet die Lücken unsrer Ge-
35   schichtsbücher ausfüllen, Liebetraut.
                (Sie stehen auf.)
L i e b e t r a u t. Die Lücken unsrer Geschlechtsregister,
    das wäre profitabler. Seitdem die Verdienste unserer
    Vorfahren mit ihren Porträts zu einerlei Gebrauch
40   dienen, die leeren Seiten nämlich unsrer Zimmer und

unsers Charakters zu tapezieren; da wäre was zu verdienen.

B i s c h o f. Er will nicht kommen, sagtet Ihr!

A d e l h e i d. Ich bitt Euch, schlagt's Euch aus dem
Sinn.   5

B i s c h o f. Was das sein mag?

L i e b e t r a u t. Was? Die Ursachen lassen sich herun-
terbeten wie ein Rosenkranz. Er ist in eine Art von
Zerknirschung gefallen, von der ich ihn leicht kurieren
wollte.   10

B i s c h o f. Tut das, reitet zu ihm.

L i e b e t r a u t. Meinen Auftrag!

B i s c h o f. Er soll unumschränkt sein. Spare nichts,
wenn du ihn zurückbringst.

L i e b e t r a u t. Darf ich Euch auch hineinmischen, gnä- 15
dige Frau?

A d e l h e i d. Mit Bescheidenheit.

L i e b e t r a u t. Das ist eine weitläufige Kommission.

A d e l h e i d. Kennt Ihr mich so wenig, oder seid Ihr so
jung, um nicht zu wissen, in welchem Ton Ihr mit 20
Weislingen von mir zu reden habt?

L i e b e t r a u t. Im Ton einer Wachtelpfeife, denk ich.

A d e l h e i d. Ihr werdet nie gescheit werden!

L i e b e t r a u t. Wird man das, gnädige Frau?

B i s c h o f. Geht, geht. Nehmt das beste Pferd aus mei- 25
nem Stall, wählt Euch Knechte, und schafft mir ihn
her!

L i e b e t r a u t. Wenn ich ihn nicht herbanne, so sagt:
ein altes Weib, das Warzen und Sommerflecken ver-
treibt, verstehe mehr von der Sympathie als ich.   30

B i s c h o f. Was wird das helfen! Berlichingen hat ihn
ganz eingenommen. Wenn er herkommt, wird er wieder fort wollen.

L i e b e t r a u t. Wollen, das ist keine Frage, aber ob er
kann. Der Händedruck eines Fürsten, und das Lächeln 35
einer schönen Frau! Da reißt sich kein Weisling los.
Ich eile und empfehle mich zu Gnaden.

B i s c h o f. Reist wohl.

A d e l h e i d. Adieu.

(Er geht.)   40

B i s c h o f. Wenn er einmal hier ist, verlaß ich mich auf
Euch.

A d e l h e i d. Wollt Ihr mich zur Leimstange brauchen?

5 B i s c h o f. Nicht doch.

A d e l h e i d. Zum Lockvogel denn?

B i s c h o f. Nein, den spielt Liebetraut. Ich bitt Euch,
versagt mir nicht, was mir sonst niemand gewähren
kann.

10 A d e l h e i d. Wollen sehn.

Jagsthausen

Hans von Selbitz. Götz.

S e l b i t z. Jedermann wird Euch loben, daß Ihr denen
von Nürnberg Fehd angekündigt habt.

15 G ö t z. Es hätte mir das Herz abgefressen, wenn ich's
ihnen hätte lang schuldig bleiben sollen. Es ist am Tag,
sie haben den Bambergern meinen Buben verraten. Sie
sollen an mich denken!

S e l b i t z. Sie haben einen alten Groll gegen Euch.

20 G ö t z. Und ich wider sie; mir ist gar recht, daß sie angefangen haben.

S e l b i t z. Die Reichsstädte und Pfaffen halten doch
von jeher zusammen.

G ö t z. Sie haben's Ursach.

25 S e l b i t z. Wir wollen ihnen die Hölle heiß machen.

G ö t z. Ich zählte auf Euch. Wollte Gott, der Burge-
meister von Nürnberg, mit der güldenen Kett um den
Hals, käm uns in Wurf, er sollt sich mit all seinem
Witz verwundern.

30 S e l b i t z. Ich höre, Weislingen ist wieder auf Eurer
Seite. Tritt er zu uns?

G ö t z. Noch nicht; es hat seine Ursachen, warum er uns
noch nicht öffentlich Vorschub tun darf; doch ist's eine
Weile genug, daß er nicht wider uns ist. Der Pfaff ist

35 ohne ihn, was das Meßgewand ohne den Pfaffen.

S e l b i t z. Wann ziehen wir aus?

G ö t z. Morgen oder übermorgen. Es kommen nun bald

Kaufleute von Bamberg und Nürnberg aus der Frankfurter Messe. Wir werden einen guten Fang tun.
Selbitz. Will's Gott. *(Ab.)*

Bamberg. Zimmer der Adelheid

Adelheid. Kammerfräulein.   5

Adelheid. Er ist da! sagst du. Ich glaub es kaum.
Fräulein. Wenn ich ihn nicht selbst gesehn hätte,
  würd ich sagen, ich zweifle.
Adelheid. Den Liebetraut mag der Bischof in Gold
  einfassen: er hat ein Meisterstück gemacht.   10
Fräulein. Ich sah ihn, wie er zum Schloß hereinreiten
  wollte, er saß auf einem Schimmel. Das Pferd scheute,
  wie's an die Brücke kam, und wollte nicht von der
  Stelle. Das Volk war aus allen Straßen gelaufen, ihn
  zu sehn. Sie freuten sich über des Pferds Unart. Von   15
  allen Seiten ward er gegrüßt, und er dankte allen. Mit
  einer angenehmen Gleichgültigkeit saß er droben, und
  mit Schmeicheln und Drohen bracht er es endlich zum
  Tor herein, der Liebetraut mit, und wenig Knechte.
Adelheid. Wie gefällt er dir?   20
Fräulein. Wie mir nicht leicht ein Mann gefallen hat.
  Er glich dem Kaiser hier *(deutet auf Maximilians
  Porträt)*, als wenn er sein Sohn wäre. Die Nase nur
  etwas kleiner, ebenso freundliche lichtbraune Augen,
  ebenso ein blondes schönes Haar, und gewachsen wie   25
  eine Puppe. Ein halb trauriger Zug auf seinem Gesicht
  – ich weiß nicht – gefiel mir so wohl!
Adelheid. Ich bin neugierig, ihn zu sehen.
Fräulein. Das wär ein Herr für Euch.
Adelheid. Närrin!   30
Fräulein. Kinder und Narren –
              (Liebetraut kommt.)
Liebetraut. Nun, gnädige Frau, was verdien ich?
Adelheid. Hörner von deinem Weibe. Denn nach
  dem zu rechnen, habt Ihr schon manches Nachbars   35
  ehrliches Hausweib aus ihrer Pflicht hinausgeschwatzt.
Liebetraut. Nicht doch, gnädige Frau! Auf ihre

Pflicht, wollt Ihr sagen; denn wenn's ja geschah,
schwatzt ich sie auf ihres Mannes Bette.

A d e l h e i d. Wie habt Ihr's gemacht, ihn herzubringen?

L i e b e t r a u t. Ihr wißt zu gut, wie man Schnepfen
fängt; soll ich Euch meine Kunststückchen noch dazu
lehren? – Erst tat ich, als wüßt ich nichts, verstünd
nichts von seiner Aufführung, und setzt ihn dadurch in
den Nachteil, die ganze Historie zu erzählen. Die sah
ich nun gleich von einer ganz andern Seite an als er,
konnte nicht finden – nicht einsehen – und so weiter.
Dann redete ich von Bamberg allerlei durcheinander,
Großes und Kleines, erweckte gewisse alte Erinnerun-
gen, und wie ich seine Einbildungskraft beschäftigt
hatte, knüpfte ich wirklich eine Menge Fädchen wieder
an, die ich zerrissen fand. Er wußte nicht, wie ihm
geschah, fühlte einen neuen Zug nach Bamberg, er
wollte – ohne zu wollen. Wie er nun in sein Herz ging
und das zu entwickeln suchte, und viel zu sehr mit sich
beschäftigt war, um auf sich achtzugeben, warf ich ihm
ein Seil um den Hals, aus drei mächtigen Stricken,
Weiber-, Fürstengunst und Schmeichelei, gedreht, und
so hab ich ihn hergeschleppt.

A d e l h e i d. Was sagtet Ihr von mir?

L i e b e t r a u t. Die lautre Wahrheit. Ihr hättet wegen
Eurer Güter Verdrießlichkeiten – hättet gehofft, da er
beim Kaiser so viel gelte, werde er das leicht enden
können.

A d e l h e i d. Wohl.

L i e b e t r a u t. Der Bischof wird ihn Euch bringen.

A d e l h e i d. Ich erwarte sie. *(Liebetraut ab.)* Mit einem
Herzen, wie ich selten Besuch erwarte.

Im Spessart

Berlichingen. Selbitz. Georg als Reitersknecht.

G ö t z. Du hast ihn nicht angetroffen, Georg!

G e o r g. Er war tags vorher mit Liebetraut nach Bamberg geritten und zwei Knechte mit.

G ö t z. Ich seh nicht ein, was das geben soll.

S e l b i t z. Ich wohl. Eure Versöhnung war ein wenig
zu schnell, als daß sie dauerhaft hätte sein sollen. Der
Liebetraut ist ein pfiffiger Kerl; von dem hat er sich
beschwätzen lassen.

G ö t z. Glaubst du, daß er bundbrüchig werden wird? 5

S e l b i t z. Der erste Schritt ist getan.

G ö t z. Ich glaub's nicht. Wer weiß, wie nötig es war,
an Hof zu gehen; man ist ihm noch schuldig; wir
wollen das Beste hoffen.

S e l b i t z. Wollte Gott, er verdient' es und täte das 10
Beste!

G ö t z. Mir fällt eine List ein. Wir wollen Georgen des
Bamberger Reiters erbeuteten Kittel anziehen und
ihm das Geleitzeichen geben; er mag nach Bamberg
reiten und sehen, wie's steht. 15

G e o r g. Da hab ich lange drauf gehofft.

G ö t z. Es ist dein erster Ritt. Sei vorsichtig, Knabe!
Mir wäre leid, wenn dir ein Unfall begegnen sollt.

G e o r g. Laßt nur, mich irrt's nicht, wenn noch so viel
um mich herumkrabbeln, mir ist's, als wenn's Ratten 20
und Mäuse wären. *(Ab.)*

Bamberg

Bischof. Weislingen.

B i s c h o f. Du willst dich nicht länger halten lassen!

W e i s l i n g e n. Ihr werdet nicht verlangen, daß ich 25
meinen Eid brechen soll.

B i s c h o f. Ich hätte verlangen können, du solltest ihn
nicht schwören. Was für ein Geist regierte dich? Konnt
ich dich ohne das nicht befreien? Gelt ich so wenig am
Kaiserlichen Hofe? 30

W e i s l i n g e n. Es ist geschehen; verzeiht mir, wenn
Ihr könnt.

B i s c h o f. Ich begreif nicht, was nur im geringsten dich
nötigte, den Schritt zu tun! Mir zu entsagen? Waren
denn nicht hundert andere Bedingungen, loszukom- 35
men? Haben wir nicht seinen Buben? Hätt ich nicht
Gelds genug gegeben und ihn wieder beruhigt? Unsere

Anschläge auf ihn und seine Gesellen wären fortge-
gangen – Ach ich denke nicht, daß ich mit seinem
Freunde rede, der nun wider mich arbeitet und die
Minen leicht entkräften kann, die er selbst gegraben
hat.

5 W e i s l i n g e n. Gnädiger Herr!

B i s c h o f. Und doch – wenn ich wieder dein Angesicht
sehe, deine Stimme höre. Es ist nicht möglich, nicht
möglich.

10 W e i s l i n g e n. Lebt wohl, gnädiger Herr.

B i s c h o f. Ich gebe dir meinen Segen. Sonst, wenn du
gingst, sagt ich: »Auf Wiederschn!« Jetzt – Wollte
Gott, wir sähen einander nie wieder!

W e i s l i n g e n. Es kann sich vieles ändern.

15 B i s c h o f. Vielleicht seh ich dich noch einmal, als
Feind vor meinen Mauern, die Felder verheeren, die
ihren blühenden Zustand dir jetzo danken.

W e i s l i n g e n. Nein, gnädiger Herr.

B i s c h o f. Du kannst nicht nein sagen. Die weltlichen
20 Stände, meine Nachbarn, haben alle einen Zahn auf
mich. Solang ich dich hatte – Geht, Weislingen! Ich
habe Euch nichts mehr zu sagen. Ihr habt vieles zunichte gemacht. Geht!

W e i s l i n g e n. Und ich weiß nicht, was ich sagen soll.

25 *(Bischof ab. – Franz tritt auf.)*

F r a n z. Adelheid erwartet Euch. Sie ist nicht wohl.
Und doch will sie Euch ohne Abschied nicht lassen.

W e i s l i n g e n. Komm.

F r a n z. Gehn wir denn gewiß?

30 W e i s l i n g e n. Noch diesen Abend. –

F r a n z. Mir ist, als wenn ich aus der Welt sollte.

W e i s l i n g e n. Mir auch, und noch darzu, als wüßt ich
nicht wohin.

A d e l h e i d e n s Z i m m e r

35 *Adelheid. Fräulein.*

F r ä u l e i n. Ihr seht blaß, gnädige Frau.

A d e l h e i d. – Ich lieb ihn nicht, und wollte doch, daß

er bliebe. Siehst du, ich könnte mit ihm leben, ob ich
ihn gleich nicht zum Manne haben möchte.
F r ä u l e i n. Glaubt Ihr, er geht?
A d e l h e i d. Er ist zum Bischof, um Lebewohl zu sa-
gen.   5
F r ä u l e i n. Er hat darnach noch einen schweren Stand.
A d e l h e i d. Wie meinst du?
F r ä u l e i n. Was fragt Ihr, gnädige Frau? Ihr habt sein
Herz geangelt, und wenn er sich losreißen will, ver-
blutet er.   10

(Adelheid. Weislingen.)

W e i s l i n g e n. Ihr seid nicht wohl, gnädige Frau?
A d e l h e i d. Das kann Euch einerlei sein. Ihr verlaßt
uns, verlaßt uns auf immer. Was fragt Ihr, ob wir
leben oder sterben.   15
W e i s l i n g e n. Ihr verkennt mich.
A d e l h e i d. Ich nehme Euch, wie Ihr Euch gebt.
W e i s l i n g e n. Das Ansehn trügt.
A d e l h e i d. So seid Ihr ein Chamäleon?
W e i s l i n g e n. Wenn Ihr mein Herz sehen könntet!   20
A d e l h e i d. Schöne Sachen würden mir vor die Augen
kommen.
W e i s l i n g e n. Gewiß! Ihr würdet Euer Bild drin fin-
den.
A d e l h e i d. In irgendeinem Winkel bei den Porträten   25
ausgestorbener Familien. Ich bitt Euch, Weislingen, be-
denkt, Ihr redet mit mir. Falsche Worte gelten zum
höchsten, wenn sie Masken unserer Taten sind. Ein
Vermummter, der kenntlich ist, spielt eine armselige
Rolle. Ihr leugnet Eure Handlungen nicht und redet   30
das Gegenteil; was soll man von Euch halten?
W e i s l i n g e n. Was Ihr wollt. Ich bin so geplagt mit
dem, was ich bin, daß mir wenig bang ist, für was man
mich nehmen mag.
A d e l h e i d. Ihr kommt, um Abschied zu nehmen.   35
W e i s l i n g e n. Erlaubt mir, Eure Hand zu küssen,
und ich will sagen: Lebt wohl. Ihr erinnert mich! Ich
bedachte nicht – Ich bin beschwerlich, gnädige Frau.
A d e l h e i d. Ihr legt's falsch aus: ich wollte Euch fort-
helfen; denn Ihr wollt fort.   40

Weislingen. O sagt: ich muß. Zöge mich nicht die
Ritterpflicht, der heilige Handschlag –
Adelheid. Geht! Geht! Erzählt das Mädchen, die
den »Theuerdank« lesen und sich so einen Mann wünschen. Ritterpflicht! Kinderspiel!
Weislingen. Ihr denkt nicht so.
Adelheid. Bei meinem Eid, Ihr verstellt Euch! Was
habt Ihr versprochen? Und wem? Einem Mann, der
seine Pflicht gegen den Kaiser und das Reich verkennt,
in eben dem Augenblick Pflicht zu leisten, da er durch
Eure Gefangennehmung in die Strafe der Acht verfällt.
Pflicht zu leisten! die nicht gültiger sein kann als un-
gerechter gezwungener Eid. Entbinden nicht unsere
Gesetze von solchen Schwüren? Macht das Kindern
weis, die den Rübezahl glauben. Es stecken andere
Sachen dahinter. Ein Feind des Reichs zu werden, ein
Feind der bürgerlichen Ruh und Glückseligkeit! Ein
Feind des Kaisers! Geselle eines Räubers! du, Weis-
lingen, mit deiner sanften Seele!
Weislingen. Wenn Ihr ihn kenntet –
Adelheid. Ich wollt ihm Gerechtigkeit widerfahren
lassen. Er hat eine hohe unbändige Seele. Eben darum
wehe dir, Weislingen! Geh und bilde dir ein, Geselle
von ihm zu sein. Geh! und laß dich beherrschen. Du
bist freundlich, gefällig –
Weislingen. Er ist's auch.
Adelheid. Aber du bist nachgebend und er nicht!
Unversehens wird er dich wegreißen, du wirst ein
Sklave eines Edelmanns werden, da du Herr von Fürsten sein könntest. – Doch es ist Unbarmherzigkeit, dir
deinen zukünftigen Stand zu verleiden.
Weislingen. Hättest du gefühlt, wie liebreich er
mir begegnete.
Adelheid. Liebreich! Das rechnest du ihm an? Es
war seine Schuldigkeit; und was hättest du verloren,
wenn er widerwärtig gewesen wäre? Mir hätte das
willkommner sein sollen. Ein übermütiger Mensch wie
der –
Weislingen. Ihr redet von Euerm Feind.
Adelheid. Ich redete für Eure Freiheit – Und weiß

überhaupt nicht, was ich vor einen Anteil dran nehme.
Lebt wohl.
W e i s l i n g e n. Erlaubt noch einen Augenblick. *(Er
nimmt ihre Hand und schweigt.)*
A d e l h e i d. Habt Ihr mir noch was zu sagen?   5
W e i s l i n g e n. – – Ich muß fort.
A d e l h e i d. So geht.
W e i s l i n g e n. Gnädige Frau! – Ich kann nicht.
A d e l h e i d. Ihr müßt.
W e i s l i n g e n. Soll das Euer letzter Blick sein?   10
A d e l h e i d. Geht, ich bin krank, sehr zur ungelegnen
Zeit.
W e i s l i n g e n. Seht mich nicht so an.
A d e l h e i d. Willst du unser Feind sein, und wir sollen
dir lächeln? Geh!   15
W e i s l i n g e n. Adelheid!
A d e l h e i d. Ich hasse Euch!
                    (Franz kommt.)
F r a n z. Gnädiger Herr! Der Bischof läßt Euch ru-
fen.   20
A d e l h e i d. Geht! Geht!
F r a n z. Er bittet Euch, eilend zu kommen.
A d e l h e i d. Geht! Geht!
W e i s l i n g e n. Ich nehme nicht Abschied, ich sehe Euch
wieder! *(Ab.)*   25
A d e l h e i d. Mich wieder? Wir wollen dafür sein.
Margarete, wenn er kommt, weis ihn ab. Ich bin krank,
habe Kopfweh, ich schlafe – Weis ihn ab. Wenn er
noch zu gewinnen ist, so ist's auf diesem Wege. *(Ab.)*

Vorzimmer   30

Weislingen. Franz.

W e i s l i n g e n. Sie will mich nicht sehn?
F r a n z. Es wird Nacht, soll ich die Pferde satteln?
W e i s l i n g e n. Sie will mich nicht sehn?
F r a n z. Wann befehlen Ihro Gnaden die Pferde?   35
W e i s l i n g e n. Es ist zu spät! Wir bleiben hier.
F r a n z. Gott sei Dank! *(Ab.)*

W e i s l i n g e n. Du bleibst! Sei auf deiner Hut, die
Versuchung ist groß. Mein Pferd scheute, wie ich zum
Schloßtor herein wollte, mein guter Geist stellte sich
ihm entgegen, er kannte die Gefahren, die mein hier
5 warteten. – Doch ist's nicht recht, die vielen Geschäfte,
die ich dem Bischof unvollendet liegen ließ, nicht wenigstens so zu ordnen, daß ein Nachfolger da anfangen
kann, wo ich's gelassen habe. Das kann ich doch alles
tun, unbeschadet Berlichingen und unserer Verbindung.
10 Denn halten sollen sie mich hier nicht. – Wäre doch
besser gewesen, wenn ich nicht gekommen wäre. Aber
ich will fort – morgen oder übermorgen. *(Geht ab.)*

Im Spessart

Götz. Selbitz. Georg.

15 S e l b i t z. Ihr seht, es ist gegangen, wie ich gesagt habe.
G ö t z. Nein! Nein! Nein!
G e o r g. Glaubt, ich berichte Euch mit der Wahrheit.
Ich tat, wie Ihr befahlt, nahm den Kittel des Bamber-
gischen und sein Zeichen, und damit ich doch mein
20 Essen und Trinken verdiente, geleitete ich Reineckische
Bauern hinauf nach Bamberg.
S e l b i t z. In der Verkappung? Das hätte dir übel ge-
raten können.
G e o r g. So denk ich auch hintendrein. Ein Reiters-
25 mann, der das voraus denkt, wird keine weiten
Sprünge machen. Ich kam nach Bamberg, und gleich im
Wirtshaus hörte ich erzählen: Weislingen und der Bischof seien ausgesöhnt, und man redte viel von einer
Heirat mit der Witwe des von Walldorf.
30 G ö t z. Gespräche.
G e o r g. Ich sah ihn, wie er sie zur Tafel führte. Sie ist
schön, bei meinem Eid, sie ist schön. Wir bückten uns
alle, sie dankte uns allen, er nickte mit dem Kopf, sah
sehr vergnügt, sie gingen vorbei, und das Volk mur-
35 melte: »Ein schönes Paar!«
G ö t z. Das kann sein.
G e o r g. Hört weiter. Da er des andern Tags in die

Messe ging, paßt ich meine Zeit ab. Er war allein mit
einem Knaben. Ich stund unten an der Treppe und
sagte leise zu ihm: »Ein paar Worte von Euerm Berlichingen.« Er ward bestürzt; ich sahe das Geständnis
seines Lasters in seinem Gesicht, er hatte kaum das   5
Herz, mich anzusehen, mich, einen schlechten Reiters-
jungen.

S e l b i t z. Das macht, sein Gewissen war schlechter als
dein Stand.

G e o r g. »Du bist Bambergisch?« sagt’ er. – »Ich bring   10
einen Gruß vom Ritter Berlichingen«, sagt ich, »und
soll fragen –« – »Komm morgen früh«, sagt’ er, »an
mein Zimmer, wir wollen weiterreden.«

G ö t z. Kamst du?

G e o r g. Wohl kam ich, und mußt im Vorsaal stehn,   15
lang, lang. Und die seidnen Buben beguckten mich von
vorn und hinten. Ich dachte, guckt ihr – Endlich führte
man mich hinein, er schien böse, mir war’s einerlei. Ich
trat zu ihm und legte meine Kommission ab. Er tat
feindlich böse, wie einer, der kein Herz hat und ’s nit   20
will merken lassen. Er verwunderte sich, daß Ihr ihn
durch einen Reiterjungen zur Rede setzen ließt. Das
verdroß mich. Ich sagte, es gäbe nur zweierlei Leut,
brave und Schurken, und ich diente Götzen von Berlichingen. Nun fing er an, schwatzte allerlei verkehrtes   25
Zeug, das darauf hinausging: Ihr hättet ihn übereilt,
er sei Euch keine Pflicht schuldig und wolle nichts mit
Euch zu tun haben.

G ö t z. Hast du das aus seinem Munde?

G e o r g. Das und noch mehr – Er drohte mir –   30

G ö t z. Es ist genug! Der wäre nun auch verloren! Treu
und Glaube, du hast mich wieder betrogen. Arme
Marie! Wie werd ich dir’s beibringen!

S e l b i t z. Ich wollte lieber mein ander Bein dazu verlieren, als so ein Hundsfott sein. *(Ab.)*   35

Bamberg

Adelheid. Weislingen.

A d e l h e i d. Die Zeit fängt mir an unerträglich lang
zu werden; reden mag ich nicht, und ich schäme mich,
mit Euch zu spielen. Langeweile, du bist ärger als ein
kaltes Fieber.

W e i s l i n g e n. Seid Ihr mich schon müde?

A d e l h e i d. Euch nicht sowohl als Euern Umgang. Ich
wollte, Ihr wärt, wo Ihr hinwolltet, und wir hätten
Euch nicht gehalten.

W e i s l i n g e n. Das ist Weibergunst! Erst brütet sie,
mit Mutterwärme, unsere liebsten Hoffnungen an;
dann, gleich einer unbeständigen Henne, verläßt sie
das Nest und übergibt ihre schon keimende Nachkommenschaft dem Tode und der Verwesung.

A d e l h e i d. Scheltet die Weiber! Der unbesonnene
Spieler zerbeißt und zerstampft die Karten, die ihn
unschuldigerweise verlieren machten. Aber laßt mich
Euch was von Mannsleuten erzählen. Was seid denn
ihr, um von Wankelmut zu sprechen? Ihr, die ihr selten seid, was ihr sein wollt, niemals, was ihr sein solltet. Könige im Festtagsornat, vom Pöbel beneidet.
Was gäb eine Schneidersfrau drum, eine Schnur Perlen
um ihren Hals zu haben, von dem Saum eures Kleids,
den eure Absätze verächtlich zurückstoßen!

W e i s l i n g e n. Ihr seid bitter.

A d e l h e i d. Es ist die Antistrophe von Eurem Gesang.
Eh ich Euch kannte, Weislingen, ging mir's wie der
Schneidersfrau. Der Ruf, hundertzüngig, ohne Meta-
pher gesprochen, hatte Euch so zahnarztmäßig heraus-
gestrichen, daß ich mich überreden ließ zu wünschen:
möchtest du doch diese Quintessenz des männlichen
Geschlechts, den Phönix Weislingen zu Gesicht kriegen!
Ich ward meines Wunsches gewährt.

W e i s l i n g e n. Und der Phönix präsentierte sich als
ein ordinärer Haushahn.

A d e l h e i d. Nein, Weislingen, ich nahm Anteil an
Euch.

W e i s l i n g e n. Es schien so –

Adelheid. Und war. Denn wirklich, Ihr übertraft
Euern Ruf. Die Menge schätzt nur den Widerschein
des Verdienstes. Wie mir's denn nun geht, daß ich
über die Leute nicht denken mag, denen ich wohlwill;
so lebten wir eine Zeitlang nebeneinander, es fehlte mir   5
was, und ich wußte nicht, was ich an Euch vermißte.
Endlich gingen mir die Augen auf. Ich sah statt des
aktiven Mannes, der die Geschäfte eines Fürstentums
belebte, der sich und seinen Ruhm dabei nicht vergaß,
der auf hundert großen Unternehmungen, wie auf   10
übereinander gewälzten Bergen, zu den Wolken hin-
aufgestiegen war: den sah ich auf einmal, jammernd
wie einen kranken Poeten, melancholisch wie ein ge-
sundes Mädchen und müßiger als einen alten Jung-
gesellen. Anfangs schrieb ich's Euerm Unfall zu, der   15
Euch noch neu auf dem Herzen lag, und entschuldigte
Euch, so gut ich konnte. Jetzt, da es von Tag zu Tage
schlimmer mit Euch zu werden scheint, müßt Ihr mir
verzeihen, wenn ich Euch meine Gunst entreiße. Ihr
besitzt sie ohne Recht, ich schenkte sie einem andern   20
auf Lebenslang, der sie Euch nicht übertragen konnte.
Weislingen. So laßt mich los.
Adelheid. Nicht, bis alle Hoffnung verloren ist. Die
Einsamkeit ist in diesen Umständen gefährlich. – Armer Mensch! Ihr seid so mißmütig, wie einer, dem sein   25
erstes Mädchen untreu wird, und eben darum geb ich
Euch nicht auf. Gebt mir die Hand, verzeiht mir, was
ich aus Liebe gesagt habe.
Weislingen. Könntest du mich lieben, könntest du
meiner heißen Leidenschaft einen Tropfen Linderung   30
gewähren! Adelheid! deine Vorwürfe sind höchst un-
gerecht. Könntest du den hundertsten Teil ahnen von
dem, was die Zeit her in mir arbeitet, du würdest mich
nicht mit Gefälligkeit, Gleichgültigkeit und Verach-
tung so unbarmherzig hin und her zerrissen haben –   35
Du lächelst! – Nach dem übereilten Schritt wieder mit
mir selbst einig zu werden, kostete mehr als einen Tag.
Wider den Menschen zu arbeiten, dessen Andenken so
lebhaft neu in Liebe bei mir ist.
Adelheid. Wunderlicher Mann, der du den lieben   40

kannst, den du beneidest! Das ist, als wenn ich meinem Feinde Proviant zuführte.

Weislingen. Ich fühl's wohl, es gilt hier kein Säumen. Er ist berichtet, daß ich wieder Weislingen bin,
5 und er wird sich seines Vorteils über uns ersehen. Auch,
Adelheid, sind wir nicht so träg, als du meinst. Unsere
Reiter sind verstärkt und wachsam, unsere Unterhand-
lungen gehen fort, und der Reichstag zu Augsburg soll
hoffentlich unsere Projekte zur Reife bringen.

10 Adelheid. Ihr geht hin?

Weislingen. Wenn ich *eine* Hoffnung mitnehmen
könnte! *(Küßt ihre Hand.)*

Adelheid. O ihr Ungläubigen! Immer Zeichen und
Wunder! Geh, Weislingen, und vollende das Werk.
15 Der Vorteil des Bischofs, der deinige, der meinige, sie
sind so verwebt, daß, wäre es auch nur der Politik
wegen –

Weislingen. Du kannst scherzen.

Adelheid. Ich scherze nicht. Meine Güter hat der
20 stolze Herzog inne, die deinigen wird Götz nicht lange
ungeneckt lassen; und wenn wir nicht zusammenhalten
wie unsere Feinde und den Kaiser auf unsere Seite
lenken, sind wir verloren.

Weislingen. Mir ist's nicht bange. Der größte Teil
25 der Fürsten ist unserer Gesinnung. Der Kaiser verlangt
Hülfe gegen die Türken, und dafür ist's billig, daß er
uns wieder beisteht. Welche Wollust wird mir's sein,
deine Güter von übermütigen Feinden zu befreien, die
unruhigen Köpfe in Schwaben aufs Kissen zu bringen,
30 die Ruhe des Bistums, unser aller herzustellen. Und
dann –?

Adelheid. Ein Tag bringt den andern, und beim
Schicksal steht das Zukünftige.

Weislingen. Aber wir müssen wollen.
35 Adelheid. Wir wollen ja.

Weislingen. Gewiß?

Adelheid. Nun ja. Geht.

Weislingen. Zauberin!

Herberge
Bauernhochzeit. Musik und Tanz draußen

*Der Brautvater, Götz, Selbitz am Tische. Bräutigam tritt
zu ihnen.*

Götz. Das Gescheitste war, daß ihr euern Zwist so 5
glücklich und fröhlich durch eine Heirat endigt.

Brautvater. Besser, als ich mir's hätte träumen lassen. In Ruh und Fried mit meinem Nachbar, und eine
Tochter wohl versorgt dazu!

Bräutigam. Und ich im Besitz des strittigen Stücks, 10
und drüber den hübschten Backfisch im ganzen Dorf.
Wollte Gott, Ihr hättet Euch eher drein geben.

Selbitz. Wie lange habt ihr prozessiert?

Brautvater. An die acht Jahre. Ich wollte lieber
noch einmal so lang das Frieren haben, als von vorn 15
anfangen. Das ist ein Gezerre, Ihr glaubt's nicht, bis
man den Perücken ein Urteil vom Herzen reißt; und
was hat man darnach? Der Teufel hol den Assessor
Sapupi! 's is ein verfluchter schwarzer Italiener.

Bräutigam. Ja, das ist ein toller Kerl. Zweimal war 20
ich dort.

Brautvater. Und ich dreimal. Und seht, ihr Herrn:
kriegen wir ein Urteil endlich, wo ich so viel Recht
hab als er, und er so viel als ich, und wir eben stunden
wie die Maulaffen, bis mir unser Herrgott eingab, ihm 25
meine Tochter zu geben und das Zeug dazu.

Götz *(trinkt)*. Gut Vernehmen künftig.

Brautvater. Geb's Gott! Geh aber, wie's will, pro-
zessieren tu ich mein Tag nit mehr. Was das ein Geldspiel kost! Jeden Reverenz, den euch ein Prokurator 30
macht, müßt ihr bezahlen.

Selbitz. Sind ja jährlich Kaiserliche Visitationen da.

Brautvater. Hab nichts davon gehört. Ist mir mancher schöne Taler nebenaus gangen. Das unerhörte
Blechen! 35

Götz. Wie meint Ihr?

Brautvater. Ach, da macht alles hohle Pfötchen.
Der Assessor allein, Gott verzeih's ihm, hat mir acht-
zehn Goldgulden abgenommen.

B r ä u t i g a m. Wer?

B r a u t v a t e r. Wer anders als der Sapupi?

G ö t z. Das ist schändlich.

B r a u t v a t e r. Wohl, ich mußt ihm zwanzig erlegen.
5 Und da ich sie ihm hingezahlt hatte, in seinem Garten-
haus, das prächtig ist, im großen Saal, wollt mir vor
Wehmut fast das Herz brechen. Denn seht, eines Haus
und Hof steht gut, aber wo soll bar Geld herkommen?
Ich stund da, Gott weiß, wie mir's war. Ich hatte
10 keinen roten Heller Reisegeld im Sack. Endlich nahm
ich mir 's Herz und stellt's ihm vor. Nun er sah, daß
mir 's Wasser an die Seele ging, da warf er mir zwei
davon zurück und schickt' mich fort.

B r ä u t i g a m. Es ist nicht möglich! Der Sapupi?

15 B r a u t v a t e r. Wie stellst du dich! Freilich! Kein andrer!

B r ä u t i g a m. Den soll der Teufel holen, er hat mir
auch funfzehn Goldgülden abgenommen.

B r a u t v a t e r. Verflucht!

20 S e l b i t z. Götz! Wir sind Räuber!

B r a u t v a t e r. Drum fiel das Urteil so scheel aus. Du
Hund!

G ö t z. Das müßt ihr nicht ungerügt lassen.

B r a u t v a t e r. Was sollen wir tun?

25 G ö t z. Macht euch auf nach Speier, es ist eben Visita-
tionszeit, zeigt's an, sie müssen's untersuchen und euch
zu dem Eurigen helfen.

B r ä u t i g a m. Denkt Ihr, wir treiben's durch?

G ö t z. Wenn ich ihm über die Ohren dürfte, wollt ich's
30 euch versprechen.

S e l b i t z. Die Summe ist wohl einen Versuch wert.

G ö t z. Bin ich wohl eher um des vierten Teils willen
ausgeritten.

B r a u t v a t e r. Wie meinst du?

35 B r ä u t i g a m. Wir wollen, geh's wie's geh.

(Georg kommt.)

G e o r g. Die Nürnberger sind im Anzug.

G ö t z. Wo?

G e o r g. Wenn wir ganz sachte reiten, packen wir sie
40 zwischen Beerheim und Mühlbach im Wald.

Selbitz. Trefflich!
Götz. Kommt, Kinder. Gott grüß euch! Helf uns allen
    zum Unsrigen!
Bauer. Großen Dank! Ihr wollt nicht zum Nacht-Ims
    bleiben?   5
Götz. Können nicht. Adies.

DRITTER AKT

Augsburg. Ein Garten

Zwei Nürnberger Kaufleute.

Erster Kaufmann. Hier wollen wir stehn, denn 10
    da muß der Kaiser vorbei. Er kommt eben den langen
    Gang herauf.
Zweiter Kaufmann. Wer ist bei ihm?
Erster Kaufmann. Adelbert von Weislingen!
Zweiter Kaufmann. Bambergs Freund! Das ist 15
    gut.
Erster Kaufmann. Wir wollen einen Fußfall tun,
    und ich will reden.
Zweiter Kaufmann. Wohl, da kommen sie.
        (Kaiser. Weislingen.)   20
Erster Kaufmann. Er sieht verdrießlich aus.
Kaiser. Ich bin unmutig, Weislingen, und wenn ich
    auf mein vergangenes Leben zurücksehe, möcht ich
    verzagt werden; so viel halbe, so viel verunglückte
    Unternehmungen! und das alles, weil kein Fürst im 25
    Reich so klein ist, dem nicht mehr an seinen Grillen
    gelegen wäre als an meinen Gedanken.
        (Die Kaufleute werfen sich ihm zu Füßen.)
Kaufmann. Allerdurchlauchtigster! Großmächtigster!
Kaiser. Wer seid ihr? Was gibt's?   30
Kaufmann. Arme Kaufleute von Nürnberg, Eurer
    Majestät Knechte, und flehen um Hülfe. Götz von
    Berlichingen und Hans von Selbitz haben unser drei-
    ßig, die von der Frankfurter Messe kamen, im Bam-

bergischen Geleite niedergeworfen und beraubt; wir
bitten Eure Kaiserliche Majestät um Hülfe, um Bei-
stand, sonst sind wir alle verdorbene Leute, genötigt,
unser Brot zu betteln.

5 K a i s e r. Heiliger Gott! Heiliger Gott! Was ist das?
Der eine hat nur *eine* Hand, der andere nur *ein* Bein;
wenn sie denn erst zwei Hände hätten, und zwei
Beine, was wolltet ihr dann tun?

K a u f m a n n. Wir bitten Eure Majestät untertänigst,
10 auf unsere bedrängten Umstände ein mitleidiges Auge
zu werfen.

K a i s e r. Wie geht's zu! Wenn ein Kaufmann einen
Pfeffersack verliert, soll man das ganze Reich aufmahnen; und wenn Händel vorhanden sind, daran
15 Kaiserlicher Majestät und dem Reich viel gelegen ist,
daß es Königreich, Fürstentum, Herzogtum und anders
betrifft, so kann euch kein Mensch zusammenbringen.

W e i s l i n g e n. Ihr kommt zur ungelegnen Zeit. Geht
und verweilt einige Tage hier.

20 K a u f l e u t e. Wir empfehlen uns zu Gnaden. *(Ab.)*

K a i s e r. Wieder neue Händel. Sie wachsen nach wie
die Köpfe der Hydra.

W e i s l i n g e n. Und sind nicht auszurotten als mit
Feuer und Schwert und einer mutigen Unternehmung.

25 K a i s e r. Glaubt Ihr?

W e i s l i n g e n. Ich halte nichts für tunlicher, wenn
Eure Majestät und die Fürsten sich über andern un-
bedeutenden Zwist vereinigen könnten. Es ist mit nich-
ten ganz Deutschland, das über Beunruhigung klagt.
30 Franken und Schwaben allein glimmt noch von den
Resten des innerlichen verderblichen Bürgerkriegs.
Und auch da sind viele der Edeln und Freien, die sich
nach Ruhe sehnen. Hätten wir einmal diesen Sickingen,
Selbitz – Berlichingen auf die Seite geschafft, das üb-
35 rige würde bald von sich selbst zerfallen. Denn *sie*
sind's, deren Geist die aufrührische Menge belebt.

K a i s e r. Ich möchte die Leute gerne schonen, sie sind
tapfer und edel. Wenn ich Krieg führte, müßten sie
mit mir zu Felde.

40 W e i s l i n g e n. Es wäre zu wünschen, daß sie von jeher

gelernt hätten, ihrer Pflicht zu gehorchen. Und dann
wär es höchst gefährlich, ihre aufrührischen Unternehmungen durch Ehrenstellen zu belohnen. Denn eben
diese kaiserliche Mild und Gnade ist's, die sie bisher
so ungeheuer mißbrauchten, und ihr Anhang, der sein   5
Vertrauen und Hoffnung darauf setzt, wird nicht ehe
zu bändigen sein, bis wir sie ganz vor den Augen der
Welt zunichte gemacht und ihnen alle Hoffnung, jemals
wieder emporzukommen, völlig abgeschnitten haben.
K a i s e r. Ihr ratet also zur Strenge?   10
W e i s l i n g e n. Ich sehe kein ander Mittel, den Schwindelgeist, der ganze Landschaften ergreift, zu bannen.
Hören wir nicht schon hier und da die bittersten Klagen der Edeln, daß ihre Untertanen, ihre Leibeignen
sich gegen sie auflehnen und mit ihnen rechten, ihnen   15
die hergebrachte Oberherrschaft zu schmälern drohn,
so daß die gefährlichsten Folgen zu fürchten sind?
K a i s e r. Jetzt wär eine schöne Gelegenheit wider den
Berlichingen und Selbitz; nur wollt ich nicht, daß
ihnen was zuleid geschehe. Gefangen möcht ich sie   20
haben, und dann müßten sie Urfehde schwören, auf
ihren Schlössern ruhig zu bleiben und nicht aus ihrem
Bann zu gehen. Bei der nächsten Session will ich's vor-
tragen.
W e i s l i n g e n. Ein freudiger beistimmender Zuruf   25
wird Eurer Majestät das Ende der Rede ersparen. *(Ab.)*

Jagsthausen

Sickingen. Berlichingen.

S i c k i n g e n. Ja, ich komme, Eure edle Schwester um
ihr Herz und ihre Hand zu bitten.   30
G ö t z. So wollt ich, Ihr wärt eher kommen. Ich muß
Euch sagen: Weislingen hat während seiner Gefangenschaft ihre Liebe gewonnen, um sie angehalten, und ich
sagt sie ihm zu. Ich hab ihn losgelassen, den Vogel,
und er verachtet die gütige Hand, die ihm in der Not   35
Futter reichte. Er schwirrt herum, weiß Gott auf welcher Hecke seine Nahrung zu suchen.

S i c k i n g e n. Ist das so?

G ö t z. Wie ich sage.

S i c k i n g e n. Er hat ein doppeltes Band zerrissen. Wohl Euch, daß Ihr mit dem Verräter nicht näher verwandt worden.

G ö t z. Sie sitzt, das arme Mädchen, verjammert und verbetet ihr Leben.

S i c k i n g e n. Wir wollen sie singen machen.

G ö t z. Wie! Entschließet Ihr Euch, eine Verlaßne zu heiraten?

S i c k i n g e n. Es macht euch beiden Ehre, von ihm betrogen worden zu sein. Soll darum das arme Mädchen in ein Kloster gehn, weil der erste Mann, den sie kannte, ein Nichtswürdiger war? Nein doch! ich bleibe darauf, sie soll Königin von meinen Schlössern werden.

G ö t z. Ich sage Euch, sie war nicht gleichgültig gegen ihn.

S i c k i n g e n. Traust du mir nicht zu, daß ich den Schatten eines Elenden sollte verjagen können? Laß uns zu ihr! *(Ab.)*

Lager der Reichsexekution

Hauptmann. Offiziere.

H a u p t m a n n. Wir müssen behutsam gehn und unsere Leute so viel möglich schonen. Auch ist unsere gemessene Order, ihn in die Enge zu treiben und lebendig gefangenzunehmen. Es wird schwerhalten, denn wer mag sich an ihn machen?

E r s t e r   O f f i z i e r. Freilich! Und er wird sich wehren wie ein wildes Schwein. Überhaupt hat er uns sein Lebelang nichts zuleid getan, und jeder wird's von sich schieben, Kaiser und Reich zu Gefallen Arm und Bein daranzusetzen.

Z w e i t e r   O f f i z i e r. Es wäre eine Schande, wenn wir ihn nicht kriegten. Wenn ich ihn nur einmal beim Lappen habe, er soll nicht loskommen.

E r s t e r   O f f i z i e r. Faßt ihn nur nicht mit Zähnen, er möchte Euch die Kinnbacken ausziehen. Guter jun-

ger Herr, dergleichen Leut packen sich nicht wie ein
flüchtiger Dieb.

Z w e i t e r   O f f i z i e r. Wollen sehn.

H a u p t m a n n. Unsern Brief muß er nun haben. Wir
wollen nicht säumen und einen Trupp ausschicken, der   5
ihn beobachten soll.

Z w e i t e r   O f f i z i e r. Laßt mich ihn führen.

H a u p t m a n n. Ihr seid der Gegend unkundig.

Z w e i t e r   O f f i z i e r. Ich hab einen Knecht, der hier
geboren und erzogen ist.   10

H a u p t m a n n. Ich bin's zufrieden. *(Ab.)*

Jagsthausen

Sickingen.

S i c k i n g e n. Es geht alles nach Wunsch; sie war etwas
bestürzt über meinen Antrag und sah mich vom Kopf   15
bis auf die Füße an; ich wette, sie verglich mich mit
ihrem Weißfisch. Gott sei Dank, daß ich mich stellen
darf. Sie antwortete wenig und durcheinander; desto
besser! Es mag eine Zeit kochen. Bei Mädchen, die
durch Liebesunglück gebeizt sind, wird ein Heirats-   20
vorschlag bald gar.

(Götz kommt.)

S i c k i n g e n. Was bringt Ihr, Schwager?

G ö t z. In die Acht erklärt!

S i c k i n g e n. Was?   25

G ö t z. Da lest den erbaulichen Brief. Der Kaiser hat
Exekution gegen mich verordnet, die mein Fleisch den
Vögeln unter dem Himmel und den Tieren auf dem
Felde zu fressen vorschneiden soll.

S i c k i n g e n. Erst sollen *sie* dran. Just zur gelegenen   30
Zeit bin ich hier.

G ö t z. Nein, Sickingen, Ihr sollt fort. Eure großen Anschläge könnten darüber zugrunde gehn, wenn Ihr zu so
ungelegner Zeit des Reichs Feind werden wolltet. Auch
mir werdet Ihr weit mehr nutzen, wenn Ihr neutral zu   35
sein scheint. Der Kaiser liebt Euch, und das Schlimm-
ste, das mir begegnen kann, ist, gefangen zu werden;

dann braucht Euer Vorwort und reißt mich aus einem
Elend, in das unzeitige Hülfe uns beide stürzen könnte.
Denn was wär's? Jetzo geht der Zug gegen mich; er-
fahren sie, du bist bei mir, so schicken sie mehr, und
5 wir sind um nichts gebessert. Der Kaiser sitzt an der
Quelle, und ich wär schon jetzt unwiederbringlich
verloren, wenn man Tapferkeit so geschwind einblasen
könnte, als man einen Haufen zusammenblasen kann.

S i c k i n g e n. Doch kann ich heimlich ein zwanzig
10 Reiter zu Euch stoßen lassen.

G ö t z. Gut. Ich hab schon Georgen nach dem Selbitz
geschickt, und meine Knechte in der Nachbarschaft
herum. Lieber Schwager, wenn meine Leute beisammen sind, es wird ein Häufchen sein, dergleichen we-
15 nig Fürsten beisammen gesehen haben.

S i c k i n g e n. Ihr werdet gegen die Menge wenig sein.

G ö t z. Ein Wolf ist einer ganzen Herde Schafe zu viel.

S i c k i n g e n. Wenn sie aber einen guten Hirten haben?

G ö t z. Sorg du. Es sind lauter Mietlinge. Und dann
20 kann der beste Ritter nichts machen, wenn er nicht
Herr von seinen Handlungen ist. So kamen sie mir
auch einmal, wie ich dem Pfalzgrafen zugesagt hatte,
gegen Konrad Schotten zu dienen; da legt' er mir
einen Zettel aus der Kanzlei vor, wie ich reiten und
25 mich halten sollt; da warf ich den Räten das Papier
wieder dar und sagt: ich wüßt nicht darnach zu han-
len, ich weiß nicht, was mir begegnen mag, das steht
nicht im Zettel, ich muß die Augen selbst auftun und
sehn, was ich zu schaffen hab.

30 S i c k i n g e n. Glück zu, Bruder! Ich will gleich fort
und dir schicken, was ich in der Eil zusammentreiben
kann.

G ö t z. Komm noch zu den Frauen, ich ließ sie beisammen. Ich wollte, daß du ihr Wort hättest, ehe du
35 gingst. Dann schick mir die Reiter, und komm heimlich
wieder, Marien abzuholen, denn mein Schloß, fürcht
ich, wird bald kein Aufenthalt für Weiber mehr sein.

S i c k i n g e n. Wollen das Beste hoffen. *(Ab.)*

Bamberg. Adelheidens Zimmer

Adelheid. Franz.

Adelheid. So sind die beiden Exekutionen schon aufgebrochen?

Franz. Ja, und mein Herr hat die Freude, gegen Eure 5
Feinde zu ziehen. Ich wollte gleich mit, so gern ich zu
Euch gehe. Auch will ich jetzt wieder fort, um bald
mit fröhlicher Botschaft wiederzukehren. Mein Herr
hat mir's erlaubt.

Adelheid. Wie steht's mit ihm? 10

Franz. Er ist munter. Mir befahl er, Eure Hand zu
küssen.

Adelheid. Da – deine Lippen sind warm.

Franz *(vor sich, auf die Brust deutend).* Hier ist's noch
wärmer! *(Laut.)* Gnädige Frau, Eure Diener sind die 15
glücklichsten Menschen unter der Sonne.

Adelheid. Wer führt gegen Berlichingen?

Franz. Der von Sirau. Lebt wohl, beste gnädige Frau!
Ich will wieder fort. Vergeßt mich nicht.

Adelheid. Du mußt was essen, trinken, und rasten. 20

Franz. Wozu das? Ich hab Euch ja gesehen. Ich bin
nicht müd noch hungrig.

Adelheid. Ich kenne deine Treu.

Franz. Ach, gnädige Frau!

Adelheid. Du hältst's nicht aus, beruhige dich, und 25
nimm was zu dir.

Franz. Eure Sorgfalt für einen armen Jungen! *(Ab.)*

Adelheid. Die Tränen stehn ihm in den Augen. Ich
lieb ihn von Herzen. So wahr und warm hat noch
niemand an mir gehangen. *(Ab.)* 30

Jagsthausen

Götz. Georg.

Georg. Er will selbst mit Euch sprechen. Ich kenn ihn
nicht; es ist ein stattlicher Mann, mit schwarzen feuri-
gen Augen. 35

Götz. Bring ihn herein.

(Lerse kommt.)

G ö t z. Gott grüß Euch! Was bringt Ihr?

L e r s e. Mich selbst, das ist nicht viel, doch alles, was es ist, biet ich Euch an.

5 G ö t z. Ihr seid mir willkommen, doppelt willkommen, ein braver Mann, und zu dieser Zeit, da ich nicht hoffte, neue Freunde zu gewinnen, eher den Verlust der alten stündlich fürchtete. Gebt mir Euern Namen.

L e r s e. Franz Lerse.

10 G ö t z. Ich danke Euch, Franz, daß Ihr mich mit einem braven Mann bekannt macht.

L e r s e. Ich machte Euch schon einmal mit mir bekannt, aber damals danktet Ihr mir nicht dafür.

G ö t z. Ich erinnere mich Eurer nicht.

15 L e r s e. Es wäre mir leid. Wißt Ihr noch, wie Ihr um des Pfalzgrafen willen Konrad Schotten feind wart und nach Haßfurt auf die Fastnacht reiten wolltet?

G ö t z. Wohl weiß ich es.

L e r s e. Wißt Ihr, wie Ihr unterwegs bei einem Dorf
20 fünfundzwanzig Reitern entgegenkamt?

G ö t z. Richtig. Ich hielt sie anfangs nur für zwölfe und teilt meinen Haufen, waren unser sechzehn, und hielt am Dorf hinter der Scheuer, in willens, sie sollten bei mir vorbeiziehen. Dann wollt ich ihnen nachrucken,
25 wie ich's mit dem andern Haufen abgeredet hatte.

L e r s e. Aber wir sahn Euch und zogen auf eine Höhe am Dorf. Ihr zogt herbei und hieltet unten. Wie wir sahn, Ihr wolltet nicht heraufkommen, ritten wir herab.

G ö t z. Da sah ich erst, daß ich mit der Hand in die
30 Kohlen geschlagen hatte. Fünfundzwanzig gegen acht! Da galt's kein Feiern. Erhard Truchseß durchstach mir einen Knecht, dafür rannt ich ihn vom Pferde. Hätten sie sich alle gehalten wie er und ein Pferde, es wäre mein und meines kleinen Häufchens übel gewahrt ge-
35 wesen.

L e r s e. Der Knecht, wovon Ihr sagtet —

G ö t z. Es war der bravste, den ich gesehen habe. Er setzte mir heiß zu. Wenn ich dachte, ich hätt ihn von mir gebracht, wollte mit andern zu schaffen haben,
40 war er wieder an mir und schlug feindlich zu. Er hieb

mir auch durch den Panzerärmel hindurch, daß es ein
wenig gefleischt hatte.

L e r s e. Habt Ihr's ihm verziehen?

G ö t z. Er gefiel mir mehr als zu wohl.

L e r s e. Nun, so hoff ich, daß Ihr mit mir zufrieden 5
sein werdet; ich hab mein Probstück an Euch selbst ab-
gelegt.

G ö t z. Bist du's? O willkommen, willkommen! Kannst
du sagen, Maximilian, du hast unter deinen Dienern
einen so geworben! 10

L e r s e. Mich wundert, daß Ihr nicht eh auf mich gefallen seid.

G ö t z. Wie sollte mir einkommen, daß der mir seine
Dienste anbieten würde, der auf das feindseligste mich
zu überwältigen trachtete? 15

L e r s e. Eben das, Herr! Von Jugend auf dien ich als
Reitersknecht, und hab's mit manchem Ritter aufge-
nommen. Da wir auf Euch stießen, freut ich mich. Ich
kannte Euern Namen, und da lernt ich Euch kennen.
Ihr wißt, ich hielt nicht stand; Ihr saht, es war nicht 20
Furcht, denn ich kam wieder. Kurz, ich lernt Euch
kennen, und von Stund an beschloß ich, Euch zu dienen.

G ö t z. Wie lange wollt Ihr bei mir aushalten?

L e r s e. Auf ein Jahr. Ohne Entgelt.

G ö t z. Nein, Ihr sollt gehalten werden wie ein anderer, 25
und drüber, wie der, der mir bei Remlin zu schaffen
machte.

(Georg kommt.)

G e o r g. Hans von Selbitz läßt Euch grüßen. Morgen
ist er hier mit funfzig Mann. 30

G ö t z. Wohl.

G e o r g. Es zieht am Kocher ein Trupp Reichsvölker
herunter; ohne Zweifel, Euch zu beobachten.

G ö t z. Wieviel?

G e o r g. Ihrer funfzig. 35

G ö t z. Nicht mehr! Komm, Lerse, wir wollen sie zu-
sammenschmeißen, wenn Selbitz kommt, daß er schon
ein Stück Arbeit getan findet.

L e r s e. Das soll eine reichliche Vorlese werden.

G ö t z. Zu Pferde! *(Ab.)* 40

Wald an einem Morast

Zwei Reichsknechte begegnen einander.

Erster Knecht. Was machst du hier?

Zweiter Knecht. Ich hab Urlaub gebeten, meine
Notdurft zu verrichten. Seit dem blinden Lärmen ge-
stern abends ist mir's in die Gedärme geschlagen, daß
ich alle Augenblicke vom Pferd muß.

Erster Knecht. Hält der Trupp hier in der Nähe?

Zweiter Knecht. Wohl eine Stunde den Wald
hinauf.

Erster Knecht. Wie verläufst du dich denn hieher?

Zweiter Knecht. Ich bitte dich, verrat mich nicht.
Ich will aufs nächste Dorf und sehn, ob ich nit mit
warmen Überschlägen meinem Übel abhelfen kann.
Wo kommst du her?

Erster Knecht. Vom nächsten Dorf. Ich hab unserm Offizier Wein und Brot geholt.

Zweiter Knecht. So, er tut sich was zugut vor
unserm Angesicht, und wir sollen fasten! Schön Exempel!

Erster Knecht. Komm mit zurück, Schurke.

Zweiter Knecht. Wär ich ein Narr! Es sind noch
viele unterm Haufen, die gern fasteten, wenn sie so
weit davon wären als ich.

Erster Knecht. Hörst du! Pferde!

Zweiter Knecht. O weh!

Erster Knecht. Ich klettere auf den Baum.

Zweiter Knecht. Ich steck mich ins Rohr.

(Götz, Lerse, Georg, Knechte zu Pferde.)

Götz. Hier am Teich weg und linker Hand in den
Wald, so kommen wir ihnen in Rücken.
(Sie ziehen vorbei.)

Erster Knecht *(steigt vom Baum).* Da ist nicht gut
sein. Michel! Er antwortet nicht? Michel, sie sind fort!
(Er geht nach dem Sumpf.) Michel! O weh, er ist ver-
sunken. Michel! Er hört mich nicht, er ist erstickt.
Bist doch krepiert, du Memme. – Wir sind geschlagen.
Feinde, überall Feinde!

(Götz, Georg zu Pferde.)

G ö t z. Halt, Kerl, oder du bist des Todes!

K n e c h t. Schont meines Lebens!

G ö t z. Dein Schwert! Georg, führ ihn zu den andern
Gefangenen, die Lerse dort unten am Wald hat. Ich 5
muß ihren flüchtigen Führer erreichen. *(Ab.)*

K n e c h t. Was ist aus unserm Ritter geworden, der uns
führte?

G e o r g. Unterst zu oberst stürzt' ihn mein Herr vom
Pferd, daß der Federbusch im Kot stak. Seine Reiter 10
huben ihn aufs Pferd und fort, wie besessen. *(Ab.)*

Lager

Hauptmann. Erster Ritter.

E r s t e r R i t t e r. Sie fliehen von weitem dem Lager zu.

H a u p t m a n n. Er wird ihnen an den Fersen sein. 15
Laßt ein funfzig ausrücken bis an die Mühle; wenn er
sich zu weit verliert, erwischt Ihr ihn vielleicht.

(Ritter ab. – Zweiter Ritter geführt.)

H a u p t m a n n. Wie geht's, junger Herr? Habt Ihr ein
paar Zinken abgerennt? 20

R i t t e r. Daß dich die Pest! Das stärkste Geweih wäre
gesplittert wie Glas. Du Teufel! Er rannt auf mich los,
es war mir, als wenn mich der Donner in die Erd hin-
einschlüg.

H a u p t m a n n. Dankt Gott, daß Ihr noch davonge- 25
kommen seid.

R i t t e r. Es ist nichts zu danken, ein paar Rippen sind
entzwei. Wo ist der Feldscher? *(Ab.)*

Jagsthausen

Götz. Selbitz. 30

G ö t z. Was sagst du zu der Achtserklärung, Selbitz?

S e l b i t z. Es ist ein Streich von Weislingen.

G ö t z. Meinst du?

S e l b i t z. Ich meine nicht, ich weiß.

G ö t z. Woher?

S e l b i t z. Er war auf dem Reichstag, sag ich dir, er war um den Kaiser.

G ö t z. Wohl, so machen wir ihm wieder einen An-
5   schlag zunichte.

S e l b i t z. Hoff's.

G ö t z. Wir wollen fort! und soll die Hasenjagd angehn.

Lager

Hauptmann. Ritter.

10 H a u p t m a n n. Dabei kommt nichts heraus, ihr Herrn.
    Er schlägt uns einen Haufen nach dem andern, und
    was nicht umkommt und gefangen wird, das läuft in
    Gottes Namen lieber nach der Türkei als ins Lager
    zurück. So werden wir alle Tag schwächer. Wir müssen
15   einmal für allemal ihm zu Leib gehen, und das mit
    Ernst; ich will selbst dabei sein, und er soll sehn, mit
    wem er zu tun hat.

R i t t e r. Wir sind's all zufrieden; nur ist er der Lands-
    art so kundig, weiß alle Gänge und Schliche im Ge-
20   birg, daß er so wenig zu fangen ist wie eine Maus auf
    dem Kornboden.

H a u p t m a n n. Wollen ihn schon kriegen. Erst auf
    Jagsthausen zu. Mag er wollen oder nicht, er muß
    herbei, sein Schloß zu verteidigen.
25 R i t t e r. Soll unser ganzer Hauf marschieren?

H a u p t m a n n. Freilich! Wißt Ihr, daß wir schon um
    hundert geschmolzen sind?

R i t t e r. Drum geschwind, eh der ganze Eisklumpen
    auftaut; es macht warm in der Nähe, und wir stehn
30   da wie Butter an der Sonne. *(Ab.)*

Gebirg und Wald

Götz. Selbitz. Trupp.

G ö t z. Sie kommen mit hellem Hauf. Es war hohe Zeit,
    daß Sickingens Reiter zu uns stießen.

S e l b i t z. Wir wollen uns teilen. Ich will linker Hand
    um die Höhe ziehen.
G ö t z. Gut. Und du, Franz, führe mir die funfzig
    rechts durch den Wald hinauf; sie kommen über die
    Heide, ich will gegen ihnen halten. Georg, du bleibst   5
    um mich. Und wenn Ihr seht, daß sie mich angreifen,
    so fallt ungesäumt in die Seiten. Wir wollen sie pat-
    schen. Sie denken nicht, daß wir ihnen die Spitze bie-
    ten können. *(Ab.)*

Heide   10
Auf der einen Seite eine Höhe, auf der andern Wald.

Hauptmann. Exekutionszug.

H a u p t m a n n. Er hält auf der Heide! Das ist imper-
    tinent. Er soll's büßen. Was! Den Strom nicht zu
    fürchten, der auf ihn losbraust?   15
R i t t e r. Ich wollt nicht, daß Ihr an der Spitze rittet;
    er hat das Ansehn, als ob er den ersten, der ihn an-
    stoßen möchte, umgekehrt in die Erde pflanzen wollte.
    Reitet hinterdrein.
H a u p t m a n n. Nicht gern.   20
R i t t e r. Ich bitt Euch. Ihr seid noch der Knoten von
    diesem Bündel Haselruten; löst ihn auf, so knickt er
    sie Euch einzeln wie Riedgras.
H a u p t m a n n. Trompeter, blas! Und ihr blast ihn
    weg! *(Ab.)*   25
        (Selbitz hinter der Höhe hervor im Galopp.)
S e l b i t z. Mir nach! Sie sollen zu ihren Händen ru-
    fen: »Multipliziert euch!« *(Ab.)*
            (Lerse aus dem Wald.)
L e r s e. Götzen zu Hülf! Er ist fast umringt. Braver   30
    Selbitz, du hast schon Luft gemacht. Wir wollen die
    Heide mit ihren Distelköpfen besäen. *(Vorbei.)*
            (Getümmel.)

Eine Höhe mit einem Wartturm

Selbitz verwundet. Knechte.

Selbitz. Legt mich hieher und kehrt zu Götzen.

Erster Knecht. Laßt uns bleiben, Herr, Ihr braucht unser.

Selbitz. Steig einer auf die Warte und seh, wie's geht.

Erster Knecht. Wie will ich hinaufkommen?

Zweiter Knecht. Steig auf meine Schultern, da kannst du die Lücke reichen und dir bis zur Öffnung hinaufhelfen.

Erster Knecht *(steigt hinauf)*. Ach, Herr!

Selbitz. Was siehst du?

Erster Knecht. Eure Reiter fliehen der Höhe zu.

Selbitz. Höllische Schurken! Ich wollt, sie stünden und ich hätt eine Kugel vorm Kopf. Reit einer hin! und fluch und wetter sie zurück. *(Knecht ab.)* Siehst du Götzen?

Knecht. Die drei schwarzen Federn seh ich mitten im Getümmel.

Selbitz. Schwimm, braver Schwimmer. Ich liege hier!

Knecht. Ein weißer Federbusch, wer ist das?

Selbitz. Der Hauptmann.

Knecht. Götz drängt sich an ihn – Bauz! Er stürzt.

Selbitz. Der Hauptmann?

Knecht. Ja, Herr.

Selbitz. Wohl! Wohl!

Knecht. Weh! Weh! Götzen seh ich nicht mehr.

Selbitz. So stirb, Selbitz!

Knecht. Ein fürchterlich Gedräng, wo er stund. Georgs blauer Busch verschwindt auch.

Selbitz. Komm herunter. Siehst du Lersen nicht?

Knecht. Nichts. Es geht alles drunter und drüber.

Selbitz. Nichts mehr. Komm! Wie halten sich Sickingens Reiter?

Knecht. Gut. – Da flieht einer nach dem Wald. Noch einer! Ein ganzer Trupp! Götz ist hin.

Selbitz. Komm herab.

Knecht. Ich kann nicht. – Wohl! Wohl! Ich sehe Götzen! Ich sehe Georgen!

S e l b i t z. Zu Pferd?

K n e c h t. Hoch zu Pferd! Sieg! Sieg! Sie fliehn.

S e l b i t z. Die Reichstruppen?

K n e c h t. Die Fahne mittendrin, Götz hintendrein. Sie
zerstreuen sich. Götz erreicht den Fähndrich – Er hat
die Fahn – Er hält. Eine Handvoll Menschen um ihn   5
herum. Mein Kamerad erreicht ihn – Sie ziehn herauf.
(Götz. Georg. Lerse. Ein Trupp.)

S e l b i t z. Glück zu, Götz! Sieg! Sieg!

G ö t z *(steigt vom Pferd)*. Teuer! Teuer! Du bist ver-   10
wundt, Selbitz?

S e l b i t z. Du lebst und siegst! Ich habe wenig getan.
Und meine Hunde von Reitern! Wie bist du davon-
gekommen?

G ö t z. Diesmal galt's! Und hier Georgen dank ich das   15
Leben, und hier Lersen dank ich's. Ich warf den Hauptmann vom Gaul. Sie stachen mein Pferd nieder und
drangen auf mich ein. Georg hieb sich zu mir und
sprang ab, ich wie der Blitz auf seinen Gaul, wie der
Donner saß er auch wieder. Wie kamst du zum Pferd?   20

G e o r g. Einem, der nach Euch hieb, stieß ich meinen
Dolch in die Gedärme, wie sich sein Harnisch in die
Höhe zog. Er stürzt', und ich half Euch von einem
Feind und mir zu einem Pferde.

G ö t z. Nun staken wir, bis sich Franz zu uns herein-   25
schlug, und da mähten wir von innen heraus.

L e r s e. Die Hunde, die ich führte, sollten von außen
hineinmähen, bis sich unsere Sensen begegnet hätten;
aber sie flohen wie Reichsknechte.

G ö t z. Es flohe Freund und Feind. Nur du kleiner   30
Hauf hieltest mir den Rücken frei; ich hatte mit den
Kerls vor mir genug zu tun. Der Fall ihres Haupt-
manns half mir sie schütteln, und sie flohen. Ich habe
ihre Fahne und wenig Gefangene.

S e l b i t z. Der Hauptmann ist Euch entwischt?   35

G ö t z. Sie hatten ihn inzwischen gerettet. Kommt, Kinder! kommt, Selbitz! – Macht eine Bahre von Ästen; –
du kannst nicht aufs Pferd. Kommt in mein Schloß.
Sie sind zerstreut. Aber unser sind wenig, und ich weiß
nicht, ob sie Truppen nachzuschicken haben. Ich will   40

euch bewirten, meine Freunde. Ein Glas Wein schmeckt
auf so einen Strauß.

Lager
Hauptmann.

5 H a u p t m a n n. Ich möcht euch alle mit eigner Hand
umbringen! Was, fortlaufen! Er hatte keine Handvoll
Leute mehr! Fortzulaufen, vor *einem* Mann! Es wird's
niemand glauben, als wer über uns zu lachen Lust hat.
– Reit herum, Ihr, und Ihr, und Ihr. Wo ihr von un-
10 sern zerstreuten Knechten findt, bringt sie zurück oder
stecht sie nieder. Wir müssen diese Scharten auswetzen,
und wenn die Klingen drüber zugrunde gehen sollten.

Jagsthausen
Götz. Lerse. Georg.

15 G ö t z. Wir dürfen keinen Augenblick säumen! Arme
Jungen, ich darf euch keine Rast gönnen. Jagt ge-
schwind herum und sucht noch Reiter aufzutreiben.
Bestellt sie alle nach Weilern, da sind sie am sichersten.
Wenn wir zögern, so ziehen sie mir vors Schloß. *(Die*
20 *zwei ab.)* Ich muß einen auf Kundschaft ausjagen. Es
fängt an heiß zu werden. Und wenn es nur noch brave
Kerls wären! aber so ist's die Menge. *(Ab.)*
(Sickingen. Maria.)
M a r i a. Ich bitte Euch, lieber Sickingen, geht nicht von
25 meinem Bruder! Seine Reiter, Selbitzens, Eure sind
zerstreut; er ist allein, Selbitz ist verwundet auf sein
Schloß gebracht, und ich fürchte alles.
S i c k i n g e n. Seid ruhig, ich gehe nicht weg.
(Götz kommt.)
30 G ö t z. Kommt in die Kirch, der Pater wartet. Ihr sollt
mir in einer Viertelstund ein Paar sein.
S i c k i n g e n. Laßt mich hier.
G ö t z. In die Kirch sollt Ihr jetzt.
S i c k i n g e n. Gern – und darnach?
35 G ö t z. Darnach sollt Ihr Eurer Wege gehn.

S i c k i n g e n. Götz!
G ö t z. Wollt Ihr nicht in die Kirche?
S i c k i n g e n. Kommt, kommt!

Lager

Hauptmann. Ritter.   5

H a u p t m a n n. Wie viel sind's in allem?
R i t t e r. Hundertundfunfzig.
H a u p t m a n n. Von vierhunderten! Das ist arg. Jetzt
   gleich auf und grad gegen Jagsthausen zu, eh er sich
   erholt und sich uns wieder in Weg stellt.   10

Jagsthausen

Götz. Elisabeth. Maria. Sickingen.

G ö t z. Gott segne euch, geb euch glückliche Tage, und
   behalte die, die er euch abzieht, für eure Kinder.
E l i s a b e t h. Und die laß er sein, wie ihr seid: recht-   15
   schaffen! Und dann laßt sie werden, was sie wollen.
S i c k i n g e n. Ich dank euch. Und dank Euch, Maria.
   Ich führte Euch an den Altar, und Ihr sollt mich zur
   Glückseligkeit führen.
M a r i a. Wir wollen zusammen eine Pilgrimschaft nach   20
   diesem fremden gelobten Lande antreten.
G ö t z. Glück auf die Reise!
M a r i a. So ist's nicht gemeint, wir verlassen Euch nicht.
G ö t z. Ihr sollt, Schwester.
M a r i a. Du bist sehr unbarmherzig, Bruder!   25
G ö t z. Und Ihr zärtlicher als vorsehend.
            (Georg kommt.)
G e o r g *(heimlich).* Ich kann niemand auftreiben. Ein
   einziger war geneigt; darnach veränderte er sich und
   wollte nicht.   30
G ö t z. Gut, Georg. Das Glück fängt mir an wetter-
   wendisch zu werden. Ich ahnt's aber. *(Laut.)* Sickingen,
   ich bitt Euch, geht noch diesen Abend. Beredet Marie.
   Sie ist Eure Frau. Laßt sie's fühlen. Wenn Weiber quer

in unsere Unternehmung treten, ist unser Feind im freien Feld sichrer als sonst in der Burg.

(Knecht kommt.)

K n e c h t *(leise).* Herr, das Reichsfähnlein ist auf dem Marsch, grad hieher, sehr schnell.

G ö t z. Ich hab sie mit Rutenstreichen geweckt! Wieviel sind ihrer?

K n e c h t. Ungefähr zweihundert. Sie können nicht zwei Stunden mehr von hier sein.

G ö t z. Noch überm Fluß?

K n e c h t. Ja, Herr.

G ö t z. Wenn ich nur funfzig Mann hätte, sie sollten mir nicht herüber. Hast du Lersen nicht gesehen?

K n e c h t. Nein, Herr.

G ö t z. Biet allen, sie sollen sich bereit halten. – Es muß geschieden sein, meine Lieben. Weine, meine gute Marie, es werden Augenblicke kommen, wo du dich freuen wirst. Es ist besser, du weinst an deinem Hochzeittag, als daß übergroße Freude der Vorbote künftigen Elends wäre. Lebt wohl, Marie. Lebt wohl, Bruder.

M a r i a. Ich kann nicht von Euch, Schwester. Lieber Bruder, laß uns. Achtest du meinen Mann so wenig, daß du in dieser Extremität seine Hülfe verschmähst?

G ö t z. Ja, es ist weit mit mir gekommen. Vielleicht bin ich meinem Sturz nahe. Ihr beginnt zu leben, und ihr sollt euch von meinem Schicksal trennen. Ich hab eure Pferde zu satteln befohlen. Ihr müßt gleich fort.

M a r i a. Bruder! Bruder!

E l i s a b e t h *(zu Sickingen).* Gebt ihm nach! Geht!

S i c k i n g e n. Liebe Marie, laßt uns gehen.

M a r i a. Du auch? Mein Herz wird brechen.

G ö t z. So bleib denn. In wenigen Stunden wird meine Burg umringt sein.

M a r i a. Weh! Weh!

G ö t z. Wir werden uns verteidigen, so gut wir können.

M a r i a. Mutter Gottes, hab Erbarmen mit uns!

G ö t z. Und am Ende werden wir sterben, oder uns ergeben. – Du wirst deinen edeln Mann mit mir in *ein* Schicksal geweint haben.

M a r i a. Du marterst mich.

G ö t z. Bleib! Bleib! Wir werden zusammen gefangen werden. Sickingen, du wirst mit mir in die Grube fallen! Ich hoffte, du solltest mir heraushelfen.

M a r i a. Wir wollen fort. Schwester, Schwester!

G ö t z. Bringt sie in Sicherheit, und dann erinnert Euch meiner.

S i c k i n g e n. Ich will ihr Bette nicht besteigen, bis ich Euch außer Gefahr weiß.

G ö t z. Schwester – liebe Schwester! *(Küßt sie.)*

S i c k i n g e n. Fort, fort!

G ö t z. Noch einen Augenblick – Ich seh Euch wieder. Tröstet Euch. Wir sehn uns wieder.
> *(Sickingen, Maria ab.)*

G ö t z. Ich trieb sie, und da sie geht, möcht ich sie halten. Elisabeth, du bleibst bei mir!

E l i s a b e t h. Bis in den Tod. *(Ab.)*

G ö t z. Wen Gott lieb hat, dem geb er so eine Frau!
> *(Georg kommt.)*

G e o r g. Sie sind in der Nähe, ich habe sie vom Turn gesehen. Die Sonne ging auf, und ich sah ihre Piken blinken. Wie ich sie sah, wollt mir's nicht bänger werden, als einer Katze vor einer Armee Mäuse. Zwar wir spielen die Ratten.

G ö t z. Seht nach den Torriegeln. Verrammelt's inwendig mit Balken und Steinen. *(Georg ab.)* Wir wollen ihre Geduld für'n Narren halten, und ihre Tapferkeit sollen sie mir an ihren eigenen Nägeln verkäuen. *(Trompeter von außen.)* Aha! ein rotröckiger Schurke, der uns die Frage vorlegen wird, ob wir Hundsfötter sein wollen. *(Er geht ans Fenster.)* Was soll's?
> *(Man hört in der Ferne reden.)*

G ö t z *(in seinen Bart).* Einen Strick um deinen Hals.
> *(Trompeter redet fort.)*

G ö t z. »Beleidiger der Majestät!« – Die Aufforderung hat ein Pfaff gemacht.
> *(Trompeter endet.)*

G ö t z *(antwortet).* Mich ergeben! Auf Gnad und Ungnad! Mit wem redet Ihr! Bin ich ein Räuber! Sag deinem Hauptmann: Vor Ihro Kaiserliche Majestät

hab ich, wie immer, schuldigen Respekt. Er aber, sag's
ihm, er kann mich – – – *(Schmeißt das Fenster zu.)*

Belagerung. Küche

Elisabeth. Götz zu ihr.

5 G ö t z. Du hast viel Arbeit, arme Frau.

E l i s a b e t h. Ich wollt, ich hätte sie lang. Wir werden
schwerlich lang aushalten können.

G ö t z. Wir hatten nicht Zeit, uns zu versehen.

E l i s a b e t h. Und die vielen Leute, die Ihr zeither ge-
10 speist habt. Mit dem Wein sind wir auch schon auf der
Neige.

G ö t z. Wenn wir nur auf einen gewissen Punkt halten,
daß sie Kapitulation vorschlagen. Wir tun ihnen brav
Abbruch. Sie schießen den ganzen Tag und verwunden
15 unsere Mauern und knicken unsere Scheiben. Lerse ist
ein braver Kerl; er schleicht mit seiner Büchse herum;
wo sich einer zu nahe wagt, blaff, liegt er.

K n e c h t. Kohlen, gnädige Frau.

G ö t z. Was gibt's?

20 K n e c h t. Die Kugeln sind alle, wir wollen neue gießen.

G ö t z. Wie steht's Pulver?

K n e c h t. So ziemlich. Wir sparen unsere Schüsse wohl
aus.

Saal

25 *Lerse mit einer Kugelform. Knecht mit Kohlen.*

L e r s e. Stell sie daher, und seht, wo ihr im Hause Blei
kriegt. Inzwischen will ich hier zugreifen. *(Hebt ein
Fenster aus und schlägt die Scheiben ein.)* Alle Vorteile gelten. – So geht's in der Welt, weiß kein Mensch,
30 was aus den Dingen werden kann. Der Glaser, der die
Scheiben faßte, dachte gewiß nicht, daß das Blei einem
seiner Urenkel garstiges Kopfweh machen könnte! und
da mich mein Vater zeugte, dachte er nicht, welcher
Vogel unter dem Himmel, welcher Wurm auf der
35 Erde mich fressen möchte.

(Georg kommt mit einer Dachrinne.)

G e o r g. Da hast du Blei. Wenn du nur mit der Hälfte
triffst, so entgeht keiner, der Ihro Majestät ansagen
kann: »Herr, wir haben schlecht bestanden.«

L e r s e *(haut davon)*. Ein brav Stück.   5

G e o r g. Der Regen mag sich einen andern Weg suchen!
ich bin nicht bang davor; ein braver Reiter und ein
rechter Regen kommen überall durch.

L e r s e. *(Er gießt.)* Halt den Löffel. *(Geht ans Fenster.)*
Da zieht so ein Reichsknappe mit der Büchse herum;   10
sie denken, wir haben uns verschossen. Er soll die Kugel versuchen, warm wie sie aus der Pfanne kommt.
(Lädt.)

G e o r g *(lehnt den Löffel an)*. Laß mich sehn.

L e r s e *(schießt)*. Da liegt der Spatz.   15

G e o r g. Der schoß vorhin nach mir *(sie gießen)*, wie ich
zum Dachfenster hinausstieg und die Rinne holen
wollte. Er traf eine Taube, die nicht weit von mir saß,
sie stürzt' in die Rinne; ich dankt ihm für den Braten
und stieg mit der doppelten Beute wieder herein.   20

L e r s e. Nun wollen wir wohl laden und im ganzen
Schloß herumgehen, unser Mittagessen verdienen.

(Götz kommt.)

G ö t z. Bleib, Lerse! Ich habe mit dir zu reden! Dich,
Georg, will ich nicht von der Jagd abhalten.   25

(Georg ab.)

G ö t z. Sie entbieten mir einen Vertrag.

L e r s e. Ich will zu ihnen hinaus und hören, was es soll.

G ö t z. Es wird sein: ich soll mich auf Bedingungen in
ritterlich Gefängnis stellen.   30

L e r s e. Das ist nichts. Wie wär's, wenn sie uns freien
Abzug eingestünden, da Ihr doch von Sickingen keinen
Entsatz erwartet? Wir vergrüben Geld und Silber, wo
sie's mit keiner Wünschelrute finden sollten, überlie-
ßen ihnen das Schloß, und kämen mit Manier davon.   35

G ö t z. Sie lassen uns nicht.

L e r s e. Es kommt auf eine Prob an. Wir wollen um
sicher Geleit rufen, und ich will hinaus. *(Ab.)*

Saal

Götz, Elisabeth, Georg, Knechte bei Tische.

Götz. So bringt uns die Gefahr zusammen. Laßt's euch
schmecken, meine Freunde! Vergeßt das Trinken nicht.
5 Die Flasche ist leer. Noch eine, liebe Frau. *(Elisabeth
zuckt die Achsel.)* Ist keine mehr da?
Elisabeth *(leise).* Noch *eine*; ich hab sie für dich
beiseite gesetzt.
Götz. Nicht doch, Liebe! Gib sie heraus. Sie brauchen
10 Stärkung, nicht ich; es ist ja meine Sache.
Elisabeth. Holt sie draußen im Schrank!
Götz. Es ist die letzte. Und mir ist's, als ob wir nicht
zu sparen Ursach hätten. Ich bin lange nicht so vergnügt gewesen. *(Schenkt ein.)* Es lebe der Kaiser!
15 **Alle.** Er lebe!
Götz. Das soll unser vorletztes Wort sein, wenn wir
sterben! Ich lieb ihn, denn wir haben einerlei Schicksal.
Und ich bin noch glücklicher als er. Er muß den Reichsständen die Mäuse fangen, inzwischen die Ratten seine
20 Besitztümer annagen. Ich weiß, er wünscht sich manch-
mal lieber tot, als länger die Seele eines so krüppligen
Körpers zu sein. *(Schenkt ein.)* Es geht just noch einmal herum. Und wenn unser Blut anfängt, auf die
Neige zu gehen, wie der Wein in dieser Flasche erst
25 schwach, dann tropfenweise rinnt *(tröpfelt das Letzte
in sein Glas),* was soll unser letztes Wort sein?
Georg. Es lebe die Freiheit!
Götz. Es lebe die Freiheit!
Alle. Es lebe die Freiheit!
30 **Götz.** Und wenn die uns überlebt, können wir ruhig
sterben. Denn wir sehen im Geist unsere Enkel glücklich und die Kaiser unsrer Enkel glücklich. Wenn die
Diener der Fürsten so edel und frei dienen wie ihr mir,
wenn die Fürsten dem Kaiser dienen, wie ich ihm die-
35 nen möchte –
Georg. Da müßt's viel anders werden.
Götz. So viel nicht, als es scheinen möchte. Hab ich
nicht unter den Fürsten treffliche Menschen gekannt,
und sollte das Geschlecht ausgestorben sein? Gute Men-

schen, die in sich und ihren Untertanen glücklich waren;
die einen edeln freien Nachbar neben sich leiden konnten und ihn weder fürchteten noch beneideten; denen
das Herz aufging, wenn sie viel ihresgleichen bei sich
zu Tisch sahen und nicht erst die Ritter zu Hofschran-   5
zen umzuschaffen brauchten, um mit ihnen zu leben.

G e o r g. Habt Ihr solche Herrn gekannt?

G ö t z. Wohl. Ich erinnere mich zeitlebens, wie der
Landgraf von Hanau eine Jagd gab und die Fürsten
und Herrn, die zugegen waren, unter freiem Himmel   10
speisten und das Landvolk all herbeilief, sie zu sehen.
Das war keine Maskerade, die er sich selbst zu Ehren
angestellt hatte. Aber die vollen runden Köpfe der
Bursche und Mädel, die roten Backen alle, und die
wohlhäbigen Männer und stattlichen Greise, und alles   15
fröhliche Gesichter, und wie sie teilnahmen an der
Herrlichkeit ihres Herrn, der auf Gottes Boden unter
ihnen sich ergetzte!

G e o r g. Das war ein Herr, vollkommen wie Ihr.

G ö t z. Sollten wir nicht hoffen, daß mehr solcher Für-   20
sten auf einmal herrschen können? daß Verehrung des
Kaisers, Fried und Freundschaft der Nachbarn und
Lieb der Untertanen der kostbarste Familienschatz sein
wird, der auf Enkel und Urenkel erbt? Jeder würde
das Seinige erhalten und in sich selbst vermehren, statt   25
daß sie jetzo nicht zuzunehmen glauben, wenn sie nicht
andere verderben.

G e o r g. Würden wir hernach auch reiten?

G ö t z. Wollte Gott, es gäbe keine unruhige Köpfe in
ganz Deutschland! wir würden noch immer zu tun ge-   30
nug finden. Wir wollten die Gebirge von Wölfen säu-
bern, wollten unserm ruhig ackernden Nachbar einen
Braten aus dem Wald holen und dafür die Suppe mit
ihm essen. Wär uns das nicht genug, wir wollten uns
mit unsern Brüdern, wie Cherubim mit flammenden   35
Schwertern, vor die Grenzen des Reichs gegen die
Wölfe die Türken, gegen die Füchse die Franzosen la-
gern und zugleich unsers teuern Kaisers sehr ausgesetzte
Länder und die Ruhe des Reichs beschützen. Das wäre
ein Leben! Georg! wenn man seine Haut für die all-   40

gemeine Glückseligkeit dransetzte. *(Georg springt auf.)*
Wo willst du hin?

G e o r g. Ach ich vergaß, daß wir eingesperrt sind – und
der Kaiser hat uns eingesperrt – und unsere Haut
5 davonzubringen, setzen wir unsere Haut dran?

G ö t z. Sei gutes Muts.

(Lerse kommt.)

L e r s e. Freiheit! Freiheit! Das sind schlechte Menschen,
unschlüssige bedächtige Esel. Ihr sollt abziehen mit Ge-
10 wehr, Pferden und Rüstung. Proviant sollt Ihr da-
hintenlassen.

G ö t z. Sie werden sich kein Zahnweh dran kauen.

L e r s e *(heimlich).* Habt Ihr das Silber versteckt?

G ö t z. Nein! Frau, geh mit Franzen, er hat dir was zu
15 sagen.

(Alle ab.)

S c h l o ß h o f

G e o r g *(im Stall, singt).*

Es fing ein Knab ein Vögelein,
20 <center>Hm! Hm!</center>
Da lacht' er in den Käfig 'nein,
Hm! Hm!
So! So!
Hm! Hm!

25 <center>Der freut' sich traun so läppisch,</center>
Hm! Hm!
Und griff hinein so täppisch,
Hm! Hm!
So! So!
30 <center>Hm! Hm!</center>

Da flog das Meislein auf ein Haus,
Hm! Hm!
Und lacht' den dummen Buben aus,
Hm! Hm!
35 <center>So! So!</center>
Hm! Hm!

G ö t z. Wie steht's?
G e o r g *(führt sein Pferd heraus).* Sie sind gesattelt.
G ö t z. Du bist fix.
G e o r g. Wie der Vogel aus dem Käfig.
                (Alle die Belagerten.)   5
G ö t z. Ihr habt eure Büchsen? Nicht doch! Geht hinauf
   und nehmt die besten aus dem Rüstschrank, es geht in
   einem hin. Wir wollen vorausreiten.
G e o r g.   Hm! Hm!
               So! So!   10
               Hm! Hm! *(Ab.)*

Saal

Zwei Knechte am Rüstschrank.

E r s t e r   K n e c h t. Ich nehm die.
Z w e i t e r   K n e c h t. Ich die. Da ist noch eine schönere. 15
E r s t e r   K n e c h t. Nicht doch! Mach, daß du fort-
   kommst.
Z w e i t e r   K n e c h t. Horch!
E r s t e r   K n e c h t *(springt ans Fenster).* Hilf, heiliger
   Gott! sie ermorden unsern Herrn. Er liegt vom Pferd! 20
   Georg stürzt!
Z w e i t e r   K n e c h t. Wo retten wir uns! An der
   Mauer den Nußbaum hinunter ins Feld. (Ab.)
E r s t e r   K n e c h t. Franz hält sich noch, ich will zu
   ihm. Wenn sie sterben, mag ich nicht leben. *(Ab.)* 25

VIERTER AKT

W i r t s h a u s zu H e i l b r o n n

Götz.

G ö t z. Ich komme mir vor wie der böse Geist, den der
   Kapuziner in einen Sack beschwur. Ich arbeite mich ab 30
   und fruchte mir nichts. Die Meineidigen!

(Elisabeth kommt.)

G ö t z. Was für Nachrichten, Elisabeth, von meinen
lieben Getreuen?

E l i s a b e t h. Nichts Gewisses. Einige sind erstochen,
5 einige liegen im Turn. Es konnte oder wollte niemand
mir sie näher bezeichnen.

G ö t z. Ist das Belohnung der Treue? des kindlichen
Gehorsams? – Auf daß dir's wohl gehe und du lange
lebest auf Erden!

10 E l i s a b e t h. Lieber Mann, schilt unsern himmlischen
Vater nicht. Sie haben ihren Lohn, er ward mit ihnen
geboren, ein freies edles Herz. Laß sie gefangen sein,
sie sind frei! Gib auf die deputierten Räte acht, die
großen goldnen Ketten stehen ihnen zu Gesicht –

15 G ö t z. Wie dem Schwein das Halsband. Ich möchte
Georgen und Franzen geschlossen sehn!

E l i s a b e t h. Es wäre ein Anblick, um Engel weinen
zu machen.

G ö t z. Ich wollt nicht weinen. Ich wollte die Zähne zu-
20 sammenbeißen und an meinem Grimm kauen. In Ketten meine Augäpfel! Ihr lieben Jungen, hättet ihr mich
nicht geliebt! – Ich würde mich nicht satt an ihnen
sehen können. – Im Namen des Kaisers ihr Wort nicht
zu halten!

25 E l i s a b e t h. Entschlagt Euch dieser Gedanken. Bedenkt, daß Ihr vor den Räten erscheinen sollt. Ihr seid
nicht gestellt, ihnen wohl zu begegnen, und ich fürchte
alles.

G ö t z. Was wollen sie mir anhaben?

30 E l i s a b e t h. Der Gerichtsbote!

G ö t z. Esel der Gerechtigkeit! Schleppt ihre Säcke zur
Mühle, und ihren Kehrig aufs Feld. Was gibt's?

(Gerichtsdiener kommt.)

G e r i c h t s d i e n e r. Die Herren Kommissarii sind
35 auf dem Rathause versammelt und schicken nach Euch.

G ö t z. Ich komme.

G e r i c h t s d i e n e r. Ich werde Euch begleiten.

G ö t z. Viel Ehre.

E l i s a b e t h. Mäßigt Euch.

40 G ö t z. Sei außer Sorgen. *(Ab.)*

Rathaus

Kaiserliche Räte. Hauptmann. Ratsherren von Heilbronn.

R a t s h e r r. Wir haben auf Euern Befehl die stärksten und tapfersten Bürger versammelt; sie warten hier in der Nähe auf Euern Wink, um sich Berlichingens zu bemeistern. 5

E r s t e r R a t. Wir werden Ihro Kaiserlichen Majestät Eure Bereitwilligkeit, Ihrem höchsten Befehl zu gehorchen, mit vielem Vergnügen zu rühmen wissen. – Es sind Handwerker? 10

R a t s h e r r. Schmiede, Weinschröter, Zimmerleute, Männer mit geübten Fäusten und hier wohl beschlagen *(auf die Brust deutend).*

R a t. Wohl.

(Gerichtsdiener kommt.) 15

G e r i c h t s d i e n e r. Götz von Berlichingen wartet vor der Tür.

R a t. Laßt ihn herein.

(Götz kommt.)

G ö t z. Gott grüß euch, ihr Herrn, was wollt ihr mit 20 mir?

R a t. Zuerst, daß Ihr bedenkt: wo Ihr seid? und vor wem?

G ö t z. Bei meinem Eid, ich verkenn euch nicht, meine Herrn. 25

R a t. Ihr tut Eure Schuldigkeit.

G ö t z. Von ganzem Herzen.

R a t. Setzt Euch.

G ö t z. Da unten hin? Ich kann stehn. Das Stühlchen riecht so nach armen Sündern, wie überhaupt die ganze 30 Stube.

R a t. So steht!

G ö t z. Zur Sache, wenn's gefällig ist.

R a t. Wir werden in der Ordnung verfahren.

G ö t z. Bin's wohl zufrieden, wollt, es wär von jeher 35 geschehen.

R a t. Ihr wißt, wie Ihr auf Gnad und Ungnad in unsere Hände kamt.

G ö t z. Was gebt Ihr mir, wenn ich's vergesse?

R a t. Wenn ich Euch Bescheidenheit geben könnte, würd
ich Eure Sache gut machen.

G ö t z. Gut machen! Wenn Ihr das könntet! Dazu gehört freilich mehr als zum Verderben.

5 S c h r e i b e r. Soll ich das alles protokollieren?

R a t. Was zur Handlung gehört.

G ö t z. Meinetwegen dürft Ihr's drucken lassen.

R a t. Ihr wart in der Gewalt des Kaisers, dessen väter-
liche Gnade an den Platz der majestätischen Gerechtig-
10 keit trat, Euch anstatt eines Kerkers Heilbronn, eine
seiner geliebten Städte, zum Aufenthalt anwies. Ihr
verspracht mit einem Eid, Euch, wie es einem Ritter
geziemt, zu stellen und das Weitere demütig zu erwarten.

15 G ö t z. Wohl, und ich bin hier und warte.

R a t. Und wir sind hier, Euch Ihro Kaiserlichen Majestät Gnade und Huld zu verkündigen. Sie verzeiht
Euch Eure Übertretungen, spricht Euch von der Acht
und aller wohlverdienten Strafe los, welches Ihr mit
20 untertänigem Dank erkennen und dagegen die Urfehde abschwören werdet, welche Euch hiermit vor-
gelesen werden soll.

G ö t z. Ich bin Ihro Majestät treuer Knecht wie immer.
Noch ein Wort, eh Ihr weitergeht: Meine Leute, wo
25 sind die? Was soll mit ihnen werden?

R a t. Das geht Euch nichts an.

G ö t z. So wende der Kaiser sein Angesicht von Euch,
wenn Ihr in Not steckt! Sie waren meine Gesellen,
und sind's. Wo habt Ihr sie hingebracht?

30 R a t. Wir sind Euch davon keine Rechnung schuldig.

G ö t z. Ah! Ich dachte nicht, daß Ihr nicht einmal zu
dem verbunden seid, was Ihr versprecht, geschweige –

R a t. Unsere Kommission ist, Euch die Urfehde vorzu-
35 legen. Unterwerft Euch dem Kaiser, und Ihr werdet
einen Weg finden, um Eurer Gesellen Leben und Freiheit zu flehen.

G ö t z. Euern Zettel.

R a t. Schreiber, leset!

40 S c h r e i b e r. »Ich Götz von Berlichingen bekenne öf-

fentlich durch diesen Brief: Daß, da ich mich neulich
gegen Kaiser und Reich rebellischerweise aufgelehnt« –

G ö t z. Das ist nicht wahr. Ich bin kein Rebell, habe
gegen Ihro Kaiserliche Majestät nichts verbrochen, und
das Reich geht mich nichts an.   5

R a t. Mäßigt Euch und hört weiter.

G ö t z. Ich will nichts weiter hören. Tret einer auf und
zeuge! Hab ich wider den Kaiser, wider das Haus
Österreich nur einen Schritt getan? Hab ich nicht von
jeher durch alle Handlungen bewiesen, daß ich besser   10
als einer fühle, was Deutschland seinen Regenten schuldig ist? und besonders was die Kleinen, die Ritter und
Freien, ihrem Kaiser schuldig sind? Ich müßte ein
Schurke sein, wenn ich mich könnte bereden lassen, das
zu unterschreiben.   15

R a t. Und doch haben wir gemessene Ordre, Euch in der
Güte zu überreden, oder im Entstehungsfall Euch in
den Turn zu werfen.

G ö t z. In Turn? mich?

R a t. Und daselbst könnt Ihr Euer Schicksal von der   20
Gerechtigkeit erwarten, wenn Ihr es nicht aus den
Händen der Gnade empfangen wollt.

G ö t z. In Turn! Ihr mißbraucht die Kaiserliche Gewalt.
In Turn! Das ist sein Befehl nicht. Was! mir erst, die
Verräter! eine Falle zu stellen, und ihren Eid, ihr   25
ritterlich Wort zum Speck drin aufzuhängen! Mir
dann ritterlich Gefängnis zusagen, und die Zusage
wieder brechen.

R a t. Einem Räuber sind wir keine Treue schuldig.

G ö t z. Trägst du nicht das Ebenbild des Kaisers, das   30
ich in dem gesudeltsten Konterfei verehre, du solltest
mir den Räuber fressen oder dran erwürgen! Ich bin in
einer ehrlichen Fehd begriffen. Du könntest Gott danken und dich vor der Welt groß machen, wenn du in
deinem Leben eine so edle Tat getan hättest, wie die   35
ist, um welcher willen ich gefangen sitze.

R a t *(winkt dem Ratsherrn, der zieht die Schelle).*

G ö t z. Nicht um des leidigen Gewinsts willen, nicht um
Land und Leute unbewehrten Kleinen wegzukapern,
bin ich ausgezogen. Meinen Jungen zu befreien, und   40

mich meiner Haut zu wehren! Seht Ihr was Unrechts
dran? Kaiser und Reich hätten unsere Not nicht in
ihrem Kopfkissen gefühlt. Ich habe Gott sei Dank
noch *eine* Hand, und habe wohl getan, sie zu brauchen.

5 *(Bürger treten herein, Stangen in der Hand, Wehren an*
der Seite.)

G ö t z. Was soll das?

R a t. Ihr wollt nicht hören. Fangt ihn!

10 G ö t z. Ist das die Meinung? Wer kein ungrischer Ochs
ist, komm mir nicht zu nah! Er soll von dieser meiner
rechten eisernen Hand eine solche Ohrfeige kriegen,
die ihm Kopfweh, Zahnweh und alles Weh der Erden
aus dem Grund kurieren soll. *(Sie machen sich an ihn,*
15 *er schlägt den einen zu Boden, und reißt einem andern*
die Wehre von der Seite, sie weichen.) Kommt! Kommt!
Es wäre mir angenehm, den Tapfersten unter euch
kennenzulernen.

R a t. Gebt Euch.

20 G ö t z. Mit dem Schwert in der Hand! Wißt Ihr, daß es
jetzt nur an mir läge, mich durch alle diese Hasenjäger
durchzuschlagen und das weite Feld zu gewinnen?
Aber ich will Euch lehren, wie man Wort hält. Versprecht mir ritterlich Gefängnis, und ich gebe mein
25 Schwert weg und bin wie vorher Euer Gefangener.

R a t. Mit dem Schwert in der Hand wollt Ihr mit dem
Kaiser rechten?

G ö t z. Behüte Gott! Nur mit Euch und Eurer edlen
Kompanie. – Ihr könnt nach Hause gehn, gute Leute.
30 Für die Versäumnis kriegt ihr nichts, und zu holen ist
hier nichts als Beulen.

R a t. Greift ihn. Gibt euch eure Liebe zu euerm Kaiser
nicht mehr Mut?

G ö t z. Nicht mehr, als ihnen der Kaiser Pflaster gibt,
35 die Wunden zu heilen, die sich ihr Mut holen könnte.

(Gerichtsdiener kommt.)

G e r i c h t s d i e n e r. Eben ruft der Türner: es zieht
ein Trupp von mehr als zweihunderten nach der Stadt
zu. Unversehens sind sie hinter der Weinhöhe hervor-
40 gedrungen und drohen unsern Mauern.

Ratsherr. Weh uns! was ist das?
                    (Wache kommt.)
Wache. Franz von Sickingen hält vor dem Schlag und
   läßt euch sagen: Er habe gehört, wie unwürdig man
   an seinem Schwager bundbrüchig geworden sei, wie die   5
   Herrn von Heilbronn allen Vorschub täten. Er verlange Rechenschaft, sonst wolle er binnen einer Stunde
   die Stadt an vier Ecken anzünden und sie der Plünde-
   rung preisgeben.
Götz. Braver Schwager!   10
Rat. Tretet ab, Götz! – Was ist zu tun?
Ratsherr. Habt Mitleiden mit uns und unserer Bür-
   gerschaft! Sickingen ist unbändig in seinem Zorn, er ist
   Mann, es zu halten.
Rat. Sollen wir uns und dem Kaiser die Gerechtsame   15
   vergeben?
Hauptmann. Wenn wir nur Leute hätten, sie zu be-
   haupten. So aber könnten wir umkommen, und die
   Sache wäre nur desto schlimmer. Wir gewinnen im
   Nachgeben.   20
Ratsherr. Wir wollen Götzen ansprechen, für uns
   ein gut Wort einzulegen. Mir ist's, als wenn ich die
   Stadt schon in Flammen sähe.
Rat. Laßt Götzen herein.
Götz. Was soll's?   25
Rat. Du würdest wohl tun, deinen Schwager von seinem rebellischen Vorhaben abzumahnen. Anstatt dich
   vom Verderben zu retten, stürzt er dich tiefer hinein,
   indem er sich zu deinem Falle gesellt.
Götz *(sieht Elisabeth an der Tür, heimlich zu ihr).* Geh   30
   hin! Sag ihm: er soll unverzüglich hereinbrechen, soll
   hieher kommen, nur der Stadt kein Leids tun. Wenn
   sich die Schurken hier widersetzen, soll er Gewalt
   brauchen. Es liegt mir nichts dran umzukommen, wenn
   sie nur alle mit erstochen werden.   35

Ein großer Saal auf dem Rathaus

Sickingen. Götz.
Das ganze Rathaus ist mit Sickingens Reitern besetzt.

G ö t z . Das war Hülfe vom Himmel! Wie kommst du
so erwünscht und unvermutet, Schwager?
S i c k i n g e n . Ohne Zauberei. Ich hatte zwei, drei Bo-
ten ausgeschickt, zu hören, wie dir's ginge? Auf die
Nachricht von ihrem Meineid macht ich mich auf den
Weg. Nun haben wir sie.
G ö t z . Ich verlange nichts als ritterliche Haft.
S i c k i n g e n . Du bist zu ehrlich. Dich nicht einmal des
Vorteils zu bedienen, den der Rechtschaffene über den
Meineidigen hat! Sie sitzen im Unrecht, wir wollen
ihnen keine Kissen unterlegen. Sie haben die Befehle
des Kaisers schändlich mißbraucht. Und wie ich Ihro
Majestät kenne, darfst du sicher auf mehr dringen. Es
ist zu wenig.
G ö t z . Ich bin von jeher mit wenigem zufrieden ge-
wesen.
S i c k i n g e n . Und bist von jeher zu kurz gekommen.
Meine Meinung ist: sie sollen deine Knechte aus dem
Gefängnis und dich zusamt ihnen auf deinen Eid nach
deiner Burg ziehen lassen. Du magst versprechen, nicht
aus deiner Terminei zu gehen, und wirst immer besser
sein als hier.
G ö t z . Sie werden sagen: Meine Güter seien dem Kaiser
heimgefallen.
S i c k i n g e n . So sagen wir: Du wolltest zur Miete
drin wohnen, bis sie dir der Kaiser wieder zu Lehn
gäbe. Laß sie sich wenden wie Aale in der Reuse, sie
sollen uns nicht entschlüpfen. Sie werden von Kaiserlicher Majestät reden, von ihrem Auftrag. Das kann
uns einerlei sein. Ich kenne den Kaiser auch und gelte
was bei ihm. Er hat immer gewünscht, dich unter seinem Heer zu haben. Du wirst nicht lang auf deinem
Schlosse sitzen, so wirst du aufgerufen werden.
G ö t z . Wollte Gott bald, eh ich 's Fechten verlerne.
S i c k i n g e n . Der Mut verlernt sich nicht, wie er sich
nicht lernt. Sorge für nichts! Wenn deine Sachen in der

Ordnung sind, geh ich nach Hof, denn meine Unternehmung fängt an reif zu werden. Günstige Aspekten
deuten mir: »Brich auf!« Es ist mir nichts übrig, als die
Gesinnung des Kaisers zu sondieren. Trier und Pfalz
vermuten eher des Himmels Einfall, als daß ich ihnen   5
übern Kopf kommen werde. Und ich will kommen wie
ein Hagelwetter! Und wenn wir unser Schicksal machen können, so sollst du bald der Schwager eines Kurfürsten sein. Ich hoffte auf deine Faust bei dieser
Unternehmung.   10
Götz *(besieht seine Hand).* Oh! das deutete der Traum,
den ich hatte, als ich tags darauf Marien an Weislingen
versprach. Er sagte mir Treu zu, und hielt meine rechte
Hand so fest, daß sie aus den Armschienen ging, wie
abgebrochen. Ach! Ich bin in diesem Augenblick wehr-   15
loser, als ich war, da sie mir abgeschossen wurde. Weislingen! Weislingen!
Sickingen. Vergiß einen Verräter. Wir wollen seine
Anschläge vernichten, sein Ansehn untergraben, und
Gewissen und Schande sollen ihn zu Tode fressen. Ich   20
seh, ich seh im Geist meine Feinde, deine Feinde nie-
dergestürzt. Götz, nur noch ein halb Jahr!
Götz. Deine Seele fliegt hoch. Ich weiß nicht; seit eini-
ger Zeit wollen sich in der meinigen keine fröhlichen
Aussichten eröffnen. – Ich war schon mehr im Unglück, 25
schon einmal gefangen, und so, wie mir's jetzt ist, war
mir's niemals.
Sickingen. Glück macht Mut. Kommt zu den Perücken! Sie haben lang genug den Vortrag gehabt, laß
uns einmal die Müh übernehmen. *(Ab.)*   30

Adelheidens Schloß

Adelheid. Weislingen.

Adelheid. Das ist verhaßt!
Weislingen. Ich hab die Zähne zusammengebissen.
Ein so schöner Anschlag, so glücklich vollführt, und am 35
Ende ihn auf sein Schloß zu lassen! Der verdammte
Sickingen!

A d e l h e i d. Sie hätten's nicht tun sollen.

W e i s l i n g e n. Sie saßen fest. Was konnten sie machen? Sickingen drohte mit Feuer und Schwert, der
hochmütige jähzornige Mann! Ich haß ihn. Sein An-
5   sehn nimmt zu wie ein Strom, der nur einmal ein paar
Bäche gefressen hat, die übrigen folgen von selbst.

A d e l h e i d. Hatten sie keinen Kaiser?

W e i s l i n g e n. Liebe Frau! Er ist nur der Schatten
davon, er wird alt und mißmutig. Wie er hörte, was
10   geschehen war, und ich nebst den übrigen Regimentsräten eiferte, sagte er: »Laßt ihnen Ruh! Ich kann dem
alten Götz wohl das Plätzchen gönnen, und wenn er
da still ist, was habt ihr über ihn zu klagen?« Wir rede-
ten vom Wohl des Staats. »Oh!« sagt' er, »hätt' ich von
15   jeher Räte gehabt, die meinen unruhigen Geist mehr
auf das Glück einzelner Menschen gewiesen hätten!«

A d e l h e i d. Er verliert den Geist eines Regenten.

W e i s l i n g e n. Wir zogen auf Sickingen los. – »Er ist
mein treuer Diener«, sagt' er; »hat er's nicht auf mei-
20   nen Befehl getan, so tat er doch besser meinen Willen
als meine Bevollmächtigten, und ich kann's gutheißen,
vor oder nach.«

A d e l h e i d. Man möchte sich zerreißen.

W e i s l i n g e n. Ich habe deswegen noch nicht alle
25   Hoffnung aufgegeben. Er ist auf sein ritterlich Wort
auf sein Schloß gelassen, sich da still zu halten. Das ist
ihm unmöglich; wir wollen bald eine Ursach wider ihn
haben.

A d e l h e i d. Und desto eher, da wir hoffen können,
30   der Kaiser werde bald aus der Welt gehn, und Karl,
sein trefflicher Nachfolger, majestätischere Gesinnun-
gen verspricht.

W e i s l i n g e n. Karl? Er ist noch weder gewählt noch
gekrönt.

35 A d e l h e i d. Wer wünscht und hofft es nicht?

W e i s l i n g e n. Du hast einen großen Begriff von seinen Eigenschaften; fast sollte man denken, du sähest
sie mit andern Augen.

A d e l h e i d. Du beleidigst mich, Weislingen. Kennst
40   du mich für das?

Weislingen. Ich sagte nichts dich zu beleidigen.
Aber schweigen kann ich nicht dazu. Karls ungewöhn-
liche Aufmerksamkeit für dich beunruhigt mich.
Adelheid. Und mein Betragen?
Weislingen. Du bist ein Weib. Ihr haßt keinen, der   5
euch hofiert.
Adelheid. Aber ihr?
Weislingen. Er frißt mir am Herzen, der fürchter-
liche Gedanke! Adelheid!
Adelheid. Kann ich deine Torheit kurieren?   10
Weislingen. Wenn du wolltest! Du könntest dich
vom Hof entfernen.
Adelheid. Sage Mittel und Art. Bist du nicht bei
Hofe? Soll ich dich lassen und meine Freunde, um auf
meinem Schloß mich mit den Uhus zu unterhalten?   15
Nein, Weislingen, daraus wird nichts. Beruhige dich,
du weißt, wie ich dich liebe.
Weislingen. Der heilige Anker in diesem Sturm,
solang der Strick nicht reißt. (Ab.)
Adelheid. Fängst du's so an! Das fehlte noch. Die   20
Unternehmungen meines Busens sind zu groß, als daß
du ihnen im Wege stehen solltest. Karl! Großer treff-
licher Mann, und Kaiser dereinst! und sollte er der
einzige sein unter den Männern, dem der Besitz meiner
Gunst nicht schmeichelte? Weislingen, denke nicht mich 25
zu hindern, sonst mußt du in den Boden, mein Weg
geht über dich hin.
        (Franz kommt mit einem Brief.)
Franz. Hier, gnädige Frau.
Adelheid. Gab dir Karl ihn selbst?   30
Franz. Ja.
Adelheid. Was hast du? Du siehst so kummervoll.
Franz. Es ist Euer Wille, daß ich mich totschmachten
soll; in den Jahren der Hoffnung macht Ihr mich ver-
zweifeln.   35
Adelheid. Er dauert mich – und wie wenig kostet's
mich, ihn glücklich zu machen! Sei gutes Muts, Junge.
Ich fühle deine Lieb und Treu, und werde nie uner-
kenntlich sein.
Franz (beklemmt). Wenn Ihr das fähig wärt, ich   40

müßte vergehn. Mein Gott, ich habe keinen Bluts-
tropfen in mir, der nicht Euer wäre, keinen Sinn, als
Euch zu lieben und zu tun, was Euch gefällt!

A d e l h e i d. Lieber Junge!

5 F r a n z. Ihr schmeichelt mir. *(In Tränen ausbrechend.)*
Wenn diese Ergebenheit nichts mehr verdient, als andere sich vorgezogen zu sehn, als Eure Gedanken alle
nach dem Karl gerichtet zu sehn –

A d e l h e i d. Du weißt nicht, was du willst, noch we-
10 niger, was du redst.

F r a n z *(vor Verdruß und Zorn mit dem Fuß stamp-
fend).* Ich will auch nicht mehr. Will nicht mehr den
Unterhändler abgeben.

A d e l h e i d. Franz! Du vergißt dich.

15 F r a n z. Mich aufzuopfern! Meinen lieben Herrn!

A d e l h e i d. Geh mir aus dem Gesicht.

F r a n z. Gnädige Frau.

A d e l h e i d. Geh, entdecke deinem lieben Herrn mein
Geheimnis. Ich war die Närrin, dich für was zu halten,
20 das du nicht bist.

F r a n z. Liebe gnädige Frau, Ihr wißt, daß ich Euch
liebe.

A d e l h e i d. Und du warst mein Freund, meinem Herzen so nahe. Geh, verrat mich.

25 F r a n z. Eher wollt ich mir das Herz aus dem Leibe reißen! Verzeiht mir, gnädige Frau. Mein Herz ist zu
voll, meine Sinnen halten's nicht aus.

A d e l h e i d. Lieber warmer Junge! *(Faßt ihn bei den
Händen, zieht ihn zu sich, und ihre Küsse begegnen*
30 *einander; er fällt ihr weinend um den Hals.)*

A d e l h e i d. Laß mich!

F r a n z *(erstickend in Tränen an ihrem Hals).* Gott!
Gott!

A d e l h e i d. Laß mich, die Mauern sind Verräter. Laß
35 mich. *(Macht sich los.)* Wanke nicht von deiner Lieb
und Treu, und der schönste Lohn soll dir werden. *(Ab.)*

F r a n z. Der schönste Lohn! Nur bis dahin laß mich
leben! Ich wollte meinen Vater ermorden, der mir
diesen Platz streitig machte.

Jagsthausen

*Götz an einem Tisch. Elisabeth bei ihm mit der Arbeit;
es steht ein Licht auf dem Tisch und Schreibzeug.*

G ö t z. Der Müßiggang will mir gar nicht schmecken,
und meine Beschränkung wird mir von Tag zu Tag
enger; ich wollt, ich könnt schlafen, oder mir nur ein-
bilden, die Ruhe sei was Angenehmes.

E l i s a b e t h. So schreib doch deine Geschichte aus, die
du angefangen hast. Gib deinen Freunden ein Zeugnis
in die Hand, deine Feinde zu beschämen; verschaff
einer edlen Nachkommenschaft die Freude, dich nicht
zu verkennen.

G ö t z. Ach! Schreiben ist geschäftiger Müßiggang, es
kommt mir sauer an. Indem ich schreibe, was ich getan,
ärger ich mich über den Verlust der Zeit, in der ich
etwas tun könnte.

E l i s a b e t h *(nimmt die Schrift).* Sei nicht wunderlich.
Du bist eben an deiner ersten Gefangenschaft in Heilbronn.

G ö t z. Das war mir von jeher ein fataler Ort.

E l i s a b e t h *(liest).* »Da waren selbst einige von den
Bündischen, die zu mir sagten: ich habe töricht getan,
mich meinen ärgsten Feinden zu stellen, da ich doch
vermuten konnte, sie würden nicht glimpflich mit mir
umgehn; da antwortet ich:« Nun, was antwortetest
du? Schreibe weiter.

G ö t z. Ich sagte: »Setz ich so oft meine Haut an anderer Gut und Geld, sollt ich sie nicht an mein Wort
setzen?«

E l i s a b e t h. Diesen Ruf hast du.

G ö t z. Den sollen sie mir nicht nehmen! Sie haben mir
alles genommen, Gut, Freiheit –

E l i s a b e t h. Es fällt in die Zeiten, wie ich die von
Miltenberg und Singlingen in der Wirtsstube fand, die
mich nicht kannten. Da hatt' ich eine Freude, als wenn
ich einen Sohn geboren hätte. Sie rühmten dich unter-
einander und sagten: »Er ist das Muster eines Ritters,
tapfer und edel in seiner Freiheit, und gelassen und
treu im Unglück.«

G ö t z. Sie sollen mir *einen* stellen, dem ich mein Wort
gebrochen! Und Gott weiß, daß ich mehr geschwitzt
hab, meinem Nächsten zu dienen, als mir, daß ich um
den Namen eines tapfern und treuen Ritters gearbeitet
habe, nicht um hohe Reichtümer und Rang zu gewinnen. Und Gott sei Dank, worum ich warb, ist mir worden.

(Lerse. Georg mit Wildbret.)

G ö t z. Glück zu, brave Jäger!

G e o r g. Das sind wir aus braven Reitern geworden.
Aus Stiefeln machen sich leicht Pantoffeln.

L e r s e. Die Jagd ist doch immer was, und eine Art von
Krieg.

G e o r g. Wenn man nur hierzulande nicht immer mit
Reichsknechten zu tun hätte. Wißt Ihr, gnädiger Herr,
wie Ihr uns prophezeiet: wenn sich die Welt umkehrte,
würden wir Jäger werden. Da sind wir's ohne das.

G ö t z. Es kommt auf eins hinaus, wir sind aus unserm
Kreise gerückt.

G e o r g. Es sind bedenkliche Zeiten. Schon seit acht
Tagen läßt sich ein fürchterlicher Komet sehen, und
ganz Deutschland ist in Angst, es bedeute den Tod des
Kaisers, der sehr krank ist.

G ö t z. Sehr krank! Unsere Bahn geht zu Ende.

L e r s e. Und hier in der Nähe gibt's noch schrecklichere
Veränderungen. Die Bauern haben einen entsetzlichen
Aufstand erregt.

G ö t z. Wo?

L e r s e. Im Herzen von Schwaben. Sie sengen, brennen
und morden. Ich fürchte, sie verheeren das ganze Land.

G e o r g. Einen fürchterlichen Krieg gibt's. Es sind schon
an die hundert Ortschaften aufgestanden, und täglich
mehr. Der Sturmwind neulich hat ganze Wälder aus-
gerissen, und kurz darauf hat man in der Gegend, wo
der Aufstand begonnen, zwei feurige Schwerter kreuz-
weis in der Luft gesehn.

G ö t z. Da leiden von meinen guten Herrn und Freunden gewiß unschuldig mit!

G e o r g. Schade, daß wir nicht reiten dürfen!

FÜNFTER AKT

Bauernkrieg. Tumult in einem Dorf und Plünderung

Weiber und Alte mit Kindern und Gepäcke. Flucht.

A l t e r. Fort! Fort! daß wir den Mordhunden entgehen. 5
W e i b. Heiliger Gott, wie blutrot der Himmel ist, die untergehende Sonne blutrot!
M u t t e r. Das bedeut Feuer.
W e i b. Mein Mann! Mein Mann!
A l t e r. Fort! Fort! In Wald! 10
              (Ziehen vorbei. – Link.)
L i n k. Was sich widersetzt, niedergestochen! Das Dorf ist unser. Daß von Früchten nichts umkommt, nichts zurückbleibt. Plündert rein aus und schnell! Wir zünden gleich an. 15
              (Metzler vom Hügel heruntergelaufen.)
M e t z l e r. Wie geht's Euch, Link?
L i n k. Drunter und drüber, siehst du, du kommst zum Kehraus. Woher?
M e t z l e r. Von Weinsberg. Da war ein Fest. 20
L i n k. Wie?
M e t z l e r. Wir haben sie zusammengestochen, daß eine Lust war.
L i n k. Wen alles?
M e t z l e r. Dietrich von Weiler tanzte vor. Der Fratz! 25
Wir waren mit hellem wütigem Hauf herum, und er oben auf'm Kirchturn wollt gütlich mit uns handeln. Paff! Schoß ihn einer vorn Kopf. Wir hinauf wie Wetter, und zum Fenster herunter mit dem Kerl.
L i n k. Ah! 30
M e t z l e r *(zu den Bauern).* Ihr Hund', soll ich euch Bein' machen! Wie sie zaudern und trenteln, die Esel.
L i n k. Brennt an! sie mögen drin braten! Fort! Fahrt zu, ihr Schlingel!
M e t z l e r. Darnach führten wir heraus den Helfen- 35
stein, den Eltershofen, an die dreizehn von Adel, zusammen auf achtzig. Herausgeführt auf die Ebne gegen

Heilbronn. Das war ein Jubilieren und ein Tumultuie-
ren von den Unsrigen, wie die lange Reih arme reiche
Sünder daherzog, einander anstarrten, und Erd und
Himmel! Umringt waren sie, ehe sie sich's versahen,
und alle mit Spießen niedergestochen.

L i n k. Daß ich nicht dabei war!

M e t z l e r. Hab mein Tag so kein Gaudium gehabt.

L i n k. Fahrt zu! Heraus!

B a u e r. Alles ist leer.

L i n k. So brennt an allen Ecken.

M e t z l e r. Wird ein hübsch Feuerchen geben. Siehst du,
wie die Kerls übereinanderpurzelten und quiekten wie
die Frösche! Es lief mir so warm übers Herz wie ein
Glas Branntwein! Da war ein Rixinger, wenn der Kerl
sonst auf die Jagd ritt, mit dem Federbusch und weiten
Naslöchern, und uns vor sich hertrieb mit den Hunden
und wie die Hunde. Ich hatt' ihn die Zeit nicht gesehen, sein Fratzengesicht fiel mir recht auf. Hasch!
den Spieß ihm zwischen die Rippen, da lag er, streckt'
alle vier über seine Gesellen. Wie die Hasen beim
Treibjagen zuckten die Kerls übereinander.

L i n k. Raucht schon brav.

M e t z l e r. Dort hinten brennt's. Laß uns mit der Beute
gelassen zu dem großen Haufen ziehen.

L i n k. Wo hält er?

M e t z l e r. Von Heilbronn hieher zu. Sie sind um einen
Hauptmann verlegen, vor dem alles Volk Respekt
hätt'. Denn wir sind doch nur ihresgleichen, das fühlen
sie und werden schwürig.

L i n k. Wen meinen sie?

M e t z l e r. Max Stumpf oder Götz von Berlichingen.

L i n k. Das wär gut, gäb auch der Sache einen Schein,
wenn's der Götz tät; er hat immer für einen recht-
schaffnen Ritter gegolten. Auf! Auf! wir ziehen nach
Heilbronn zu! Ruft's herum.

M e t z l e r. Das Feuer leucht uns noch eine gute Strecke.
Hast du den großen Kometen gesehen?

L i n k. Ja. Das ist ein grausam erschrecklich Zeichen!
Wenn wir die Nacht durch ziehen, können wir ihn
recht sehen. Er geht gegen eins auf.

M e t z l e r. Und bleibt nur fünf Viertelstunden. Wie ein
gebogner Arm mit einem Schwert sieht er aus, so blut-
gelbrot.
L i n k. Hast du die drei Stern gesehen an des Schwerts
Spitze und Seite? 5
M e t z l e r. Und der breite wolkenfärbige Streif, mit
tausend und tausend Striemen wie Spieß', und dazwischen wie kleine Schwerter.
L i n k. Mir hat's gegraust. Wie das alles so bleichrot,
und darunter viel feurige helle Flamme, und dazwi- 10
schen die grausamen Gesichter mit rauchen Häuptern
und Bärten!
M e t z l e r. Hast du die auch gesehen? Und das zwitzert
alles so durcheinander, als läg's in einem blutigen
Meere, und arbeitet durcheinander, daß einem die 15
Sinne vergehn!
L i n k. Auf! Auf! *(Ab.)*

Feld

Man sieht in der Ferne zwei Dörfer brennen und ein
Kloster. 20

Kohl. Wild. Max Stumpf. Haufen.

M a x S t u m p f. Ihr könnt nicht verlangen, daß ich
euer Hauptmann sein soll. Für mich und euch wär's
nichts nütze. Ich bin Pfalzgräfischer Diener; wie sollt
ich gegen meinen Herrn führen? Ihr würdet immer 25
wähnen, ich tät nicht von Herzen.
K o h l. Wußten wohl, du würdest Entschuldigung finden.
(Götz, Lerse, Georg kommen.)
G ö t z. Was wollt ihr mit mir? 30
K o h l. Ihr sollt unser Hauptmann sein.
G ö t z. Soll ich mein ritterlich Wort dem Kaiser brechen
und aus meinem Bann gehen?
W i l d. Das ist keine Entschuldigung.
G ö t z. Und wenn ich ganz frei wäre, und ihr wollt 35
handeln wie bei Weinsberg an den Edeln und Herrn,
und so forthausen, wie rings herum das Land brennt

und blutet, und ich sollt euch behülflich sein zu euerm
schändlichen rasenden Wesen – eher sollt ihr mich tot-
schlagen wie einen wütigen Hund, als daß ich euer
Haupt würde!

5 K o h l. Wäre das nicht geschehen, es geschähe vielleicht
nimmermehr.

S t u m p f. Das war eben das Unglück, daß sie keinen
Führer hatten, den sie geehrt, und der ihrer Wut Einhalt tun können. Nimm die Hauptmannschaft an, ich
10 bitte dich, Götz. Die Fürsten werden dir Dank wissen,
ganz Deutschland. Es wird zum Besten und Frommen
aller sein. Menschen und Länder werden geschont
werden.

G ö t z. Warum übernimmst du's nicht?

15 S t u m p f. Ich hab mich von ihnen losgesagt.

K o h l. Wir haben nicht Sattelhenkens Zeit, und langer
unnötiger Diskurse. Kurz und gut. Götz, sei unser
Hauptmann, oder sieh zu deinem Schloß und deiner
Haut. Und hiermit zwei Stunden Bedenkzeit. Bewacht
20 ihn.

G ö t z. Was braucht's das! Ich bin so gut entschlossen –
jetzt als darnach. Warum seid ihr ausgezogen? Eure
Rechte und Freiheiten wiederzuerlangen? Was wütet
ihr und verderbt das Land! Wollt ihr abstehen von
25 allen Ubeltaten und handeln als wackre Leute, die
wissen, was sie wollen, so will ich euch behülflich sein
zu euern Forderungen und auf acht Tag euer Hauptmann sein.

W i l d. Was geschehen ist, ist in der ersten Hitz ge-
30 schehen, und braucht's deiner nicht, uns künftig zu
hindern.

K o h l. Auf ein Vierteljahr wenigstens mußt du uns zusagen.

S t u m p f. Macht vier Wochen, damit könnt ihr beide
35 zufrieden sein.

G ö t z. Meinetwegen.

K o h l. Eure Hand!

G ö t z. Und gelobt mir, den Vertrag, den ihr mit mir
gemacht, schriftlich an alle Haufen zu senden, ihm bei
40 Strafe streng nachzukommen.

W i l d. Nun ja! Soll geschehen.

G ö t z. So verbind ich mich euch auf vier Wochen.

S t u m p f. Glück zu! Was du tust, schon unsern gnädigen Herrn den Pfalzgrafen.

K o h l *(leise)*. Bewacht ihn. Daß niemand mit ihm rede   5
außer eurer Gegenwart.

G ö t z. Lerse! Kehr zu meiner Frau. Steh ihr bei. Sie
soll bald Nachricht von mir haben.

(Götz, Stumpf, Georg, Lerse, einige Bauern ab. – Metzler,
Link kommen.)   10

M e t z l e r. Was hören wir von einem Vertrag? Was soll
der Vertrag?

L i n k. Es ist schändlich, so einen Vertrag einzugehen.

K o h l. Wir wissen so gut, was wir wollen, als ihr, und
haben zu tun und zu lassen.   15

W i l d. Das Rasen und Brennen und Morden mußte
doch einmal aufhören, heut oder morgen! so haben wir
noch einen braven Hauptmann dazu gewonnen.

M e t z l e r. Was aufhören! Du Verräter! Warum sind
wir da? Uns an unsern Feinden zu rächen, uns em-   20
porzuhelfen! – Das hat euch ein Fürstenknecht ge-
raten.

K o h l. Komm, Wild, er ist wie ein Vieh. *(Ab.)*

M e t z l e r. Geht nur! Wird euch kein Haufen zustehn.
Die Schurken! Link, wir wollen die andern aufhetzen,   25
Miltenberg dort drüben anzünden, und wenn's Händel
setzt wegen des Vertrags, schlagen wir den Verträgern
zusammen die Köpfe ab.

L i n k. Wir haben doch den großen Haufen auf unsrer
Seite.   30

B e r g u n d T a l. E i n e M ü h l e i n d e r T i e f e

Ein Trupp Reiter. Weislingen kommt aus der Mühle mit
Franzen und einem Boten.

W e i s l i n g e n. Mein Pferd! – Ihr habt's den andern
Herrn auch angesagt?   35

B o t e. Wenigstens sieben Fähnlein werden mit Euch
eintreffen, im Wald hinter Miltenberg. Die Bauern

ziehen unten herum. Überall sind Boten ausgeschickt,
der ganze Bund wird in kurzem zusammen sein. Fehlen kann's nicht; man sagt, es sei Zwist unter ihnen.
W e i s l i n g e n. Desto besser! – Franz!
5 F r a n z. Gnädiger Herr?
W e i s l i n g e n. Richt es pünktlich aus. Ich bind es dir
auf deine Seele. Gib ihr den Brief. Sie soll vom Hof
auf mein Schloß! Sogleich! Du sollst sie abreisen sehn,
und mir's dann melden.
10 F r a n z. Soll geschehen, wie Ihr befehlt.
W e i s l i n g e n. Sag ihr, sie *soll* wollen. *(Zum Boten.)*
Führt uns nun den nächsten und besten Weg.
B o t e. Wir müssen umziehen. Die Wasser sind von den
entsetzlichen Regen alle ausgetreten.

15 J a g s t h a u s e n

Elisabeth. Lerse.

L e r s e. Tröstet Euch, gnädige Frau!
E l i s a b e t h. Ach, Lerse, die Tränen stunden ihm in
den Augen, wie er Abschied von mir nahm. Es ist
20 grausam, grausam!
L e r s e. Er wird zurückkehren.
E l i s a b e t h. Es ist nicht das. Wenn er auszog, rühm-
lichen Sieg zu erwerben, da war mir's nicht weh ums
Herz. Ich freute mich auf seine Rückkunft, vor der
25 mir jetzt bang ist.
L e r s e. Ein so edler Mann –
E l i s a b e t h. Nenn ihn nicht so, das macht neu Elend.
Die Bösewichter! Sie drohten, ihn zu ermorden, und
sein Schloß anzuzünden. – Wenn er wiederkommen
30 wird – ich seh ihn finster, finster. Seine Feinde werden
lügenhafte Klagartikel schmieden, und er wird nicht
sagen können: Nein!
L e r s e. Er wird und kann.
E l i s a b e t h. Er hat seinen Bann gebrochen. Sag Nein!
35 L e r s e. Nein! Er ward gezwungen; wo ist der Grund,
ihn zu verdammen?
E l i s a b e t h. Die Bosheit sucht keine Gründe, nur Ur-

sachen. Er hat sich zu Rebellen, Missetätern, Mördern
gesellt, ist an ihrer Spitze gezogen. Sage Nein!

L e r s e. Laßt ab, Euch zu quälen und mich. Haben sie
ihm nicht feierlich zugesagt, keine Tathandlungen
mehr zu unternehmen, wie die bei Weinsberg? Hört   5
ich sie nicht selbst halbreuig sagen: Wenn's nicht geschehen wär, geschäh's vielleicht nie? Müßten nicht
Fürsten und Herrn ihm Dank wissen, wenn er freiwil-
lig Führer eines unbändigen Volks geworden wäre, um
ihrer Raserei Einhalt zu tun und so viel Menschen und   10
Besitztümer zu schonen?

E l i s a b e t h. Du bist ein liebevoller Advokat. – Wenn
sie ihn gefangennähmen, als Rebell behandelten, und
sein graues Haupt – Lerse, ich möchte von Sinnen
kommen.   15

L e r s e. Sende ihrem Körper Schlaf, lieber Vater der Menschen, wenn du ihrer Seele keinen Trost geben willst!

E l i s a b e t h. Georg hat versprochen, Nachricht zu
bringen. Er wird auch nicht dürfen, wie er will. Sie
sind ärger als gefangen. Ich weiß, man bewacht sie wie   20
Feinde. Der gute Georg! Er wollte nicht von seinem
Herrn weichen.

L e r s e. Das Herz blutete mir, wie er mich von sich
schickte. Wenn *Ihr* nicht meiner Hülfe bedürftet, alle
Gefahren des schmählichsten Todes sollten mich nicht   25
von ihm getrennt haben.

E l i s a b e t h. Ich weiß nicht, wo Sickingen ist. Wenn
ich nur Marien einen Boten schicken könnte.

L e r s e. Schreibt nur, ich will dafür sorgen. *(Ab.)*

B e i   e i n e m   D o r f   30

Götz. Georg.

G ö t z. Geschwind zu Pferde, Georg! ich sehe Miltenberg brennen. Halten sie so den Vertrag? Reit hin, sag
ihnen die Meinung. Die Mordbrenner! Ich sage mich
von ihnen los. Sie sollen einen Zigeuner zum Haupt-   35
mann machen, nicht mich. Geschwind, Georg. *(Georg
ab.)* Wollt, ich wäre tausend Meilen davon, und läg

im tiefsten Turn, der in der Türkei steht. Könnt ich
mit Ehren von ihnen kommen! Ich fahr ihnen alle Tag
durch den Sinn, sag ihnen die bittersten Wahrheiten,
daß sie mein müde werden und mich erlassen sollen.

(Ein Unbekannter.)

Unbekannter. Gott grüß Euch, sehr edler Herr.

Götz. Gott dank Euch. Was bringt Ihr? Euern Namen?

Unbekannter. Der tut nichts zur Sache. Ich komme,
Euch zu sagen, daß Euer Kopf in Gefahr ist. Die Anführer sind müde, sich von Euch so harte Worte geben
zu lassen, haben beschlossen, Euch aus dem Weg zu
räumen. Mäßigt Euch oder seht zu entwischen, und
Gott geleit Euch. *(Ab.)*

Götz. Auf diese Art dein Leben zu lassen, Götz, und
so zu enden! Es sei drum! So ist mein Tod der Welt
das sicherste Zeichen, daß ich nichts Gemeines mit den
Hunden gehabt habe.

(Einige Bauern.)

Erster Bauer. Herr, Herr! Sie sind geschlagen, sie
sind gefangen.

Götz. Wer?

Zweiter Bauer. Die Miltenberg verbrannt haben.
Es zog sich ein Bündischer Trupp hinter dem Berg hervor und überfiel sie auf einmal.

Götz. Sie erwartet ihr Lohn. – O Georg! Georg! – Sie
haben ihn mit den Bösewichtern gefangen – Mein
Georg! Mein Georg! –

(Anführer kommen.)

Link. Auf, Herr Hauptmann, auf! Es ist nicht Säu-
mens Zeit. Der Feind ist in der Nähe und mächtig.

Götz. Wer verbrannte Miltenberg?

Metzler. Wenn Ihr Umstände machen wollt, so wird
man Euch weisen, wie man keine macht.

Kohl. Sorgt für unsere Haut und Eure. Auf! Auf!

Götz *(zu Metzler).* Drohst du mir! Du Nichtswürdiger!
Glaubst du, daß du mir fürchterlicher bist, weil des
Grafen von Helfenstein Blut an deinen Kleidern klebt?

Metzler. Berlichingen!

Götz. Du darfst meinen Namen nennen, und meine
Kinder werden sich dessen nicht schämen.

M e t z l e r. Mit dir feigem Kerl! Fürstendiener!
G ö t z *(haut ihn über den Kopf, daß er stürzt. Die andern treten dazwischen).*
K o h l. Ihr seid rasend. Der Feind bricht auf allen Seiten
'rein, und ihr hadert!   5
L i n k. Auf! Auf!
    (Tumult und Schlacht. – Weislingen. Reiter.)
W e i s l i n g e n. Nach! Nach! Sie fliehen. Laßt euch
Regen und Nacht nicht abhalten. Götz ist unter ihnen,
hör ich. Wendet Fleiß an, daß ihr ihn erwischt. Er   10
ist schwer verwundet, sagen die Unsrigen. *(Die Reiter
ab.)* Und wenn ich dich habe! – Es ist noch Gnade,
wenn wir heimlich im Gefängnis dein Todesurteil voll-
strecken. – So verlischt er vor dem Andenken der
Menschen, und du kannst freier atmen, törichtes Herz.   15
(Ab.)

N a c h t, i m w i l d e n W a l d. Z i g e u n e r l a g e r

Zigeunermutter am Feuer.

M u t t e r. Flick das Strohdach über der Grube, Tochter,
gibt hint nacht noch Regen genug.   x
    (Knab kommt.)
K n a b. Ein Hamster, Mutter. Da! Zwei Feldmäus.
M u t t e r. Will sie dir abziehen und braten, und sollst
eine Kapp haben von den Fellchen. – Du blutst?
K n a b. Hamster hat mich bissen.   25
M u t t e r. Hol mir dürr Holz, daß das Feuer loh
brennt wenn dein Vater kommt, wird naß sein durch
und durch.
    (Andre Zigeunerin, ein Kind auf dem Rücken.)
E r s t e Z i g e u n e r i n. Hast du brav geheischen?   30
Z w e i t e Z i g e u n e r i n. Wenig genug. Das Land ist
voll Tumult herum, daß man seins Lebens nicht sicher
ist. Brennen zwei Dörfer lichterloh.
E r s t e Z i g e u n e r i n. Ist das dort drunten Brand,
der Schein? Seh ihm schon lang zu. Man ist die Feuer-   35
zeichen am Himmel zeither so gewohnt worden.
    (Zigeunerhauptmann, drei Gesellen kommen.)

Hauptmann. Hört ihr den wilden Jäger?
Erster Zigeuner. Er zieht grad über uns hin.
Hauptmann. Wie die Hunde bellen! Wau! Wau!
Zweiter Zigeuner. Die Peitschen knallen.
5 **Dritter Zigeuner.** Die Jäger jauchzen holla ho!
Mutter. Bringt ja des Teufels sein Gepäck!
Hauptmann. Haben im Trüben gefischt. Die Bauern
    rauben selbst, ist's uns wohl vergönnt.
Zweite Zigeunerin. Was hast du, Wolf?
10 **Wolf.** Einen Hasen, da, und einen Hahn; ein Brat-
    spieß; ein Bündel Leinwand; drei Kochlöffel und ein
    Pferdzaum.
Sticks. Ein wullen Deck hab ich, ein Paar Stiefeln,
    und Zunder und Schwefel.
15 **Mutter.** Ist alles pudelnaß, wollen's trocknen, gebt
    her.
Hauptmann. Horch, ein Pferd! Geht! Seht, was ist.
                            (Götz zu Pferd.)
Götz. Gott sei Dank! Dort seh ich Feuer, sind Zigeu-
20   ner. Meine Wunden verbluten, die Feinde hinterher.
    Heiliger Gott, du endigst gräßlich mit mir!
Hauptmann. Ist's Friede daß du kommst?
Götz. Ich flehe Hülfe von euch. Meine Wunden er-
    matten mich. Helft mir vom Pferd!
25 **Hauptmann.** Helf ihm! Ein edler Mann, an Gestalt
    und Wort.
Wolf *(leise).* Es ist Götz von Berlichingen.
Hauptmann. Seid willkommen! Alles ist Euer, was
    wir haben.
30 **Götz.** Dank Euch.
Hauptmann. Kommt in mein Zelt.

Hauptmanns Zelt

Hauptmann. Götz.

Hauptmann. Ruft der Mutter, sie soll Blutwurzel
35   bringen und Pflaster.
Götz *(legt den Harnisch ab).*
Hauptmann. Hier ist mein Feiertagswams.

Götz. Gott lohn's.
                    (Mutter verbindet ihn.)
Hauptmann. Ist mir herzlich lieb, Euch zu haben.
Götz. Kennt Ihr mich?
Hauptmann. Wer sollte Euch nicht kennen! Götz, 5
    unser Leben und Blut lassen wir für Euch.
                    (Schricks.)
Schricks. Kommen durch den Wald Reiter. Sind
    Bündische.
Hauptmann. Eure Verfolger! Sie sollen nit bis zu 10
    Euch kommen! Auf, Schricks! Biete den andern! Wir
    kennen die Schliche besser als sie, wir schießen sie nie-
    der, eh sie uns gewahr werden.
Götz *(allein)*. O Kaiser! Kaiser! Räuber beschützen
    deine Kinder. *(Man hört scharf schießen.)* Die wilden 15
    Kerls, starr und treu!
                    (Zigeunerin.)
Zigeunerin. Rettet Euch! Die Feinde überwältigen.
Götz. Wo ist mein Pferd?
Zigeunerin. Hier bei. 20
Götz *(gürtet sich und sitzt auf ohne Harnisch)*. Zum
    letztenmal sollen sie meinen Arm fühlen. Ich bin so
    schwach noch nicht. *(Ab.)*
Zigeunerin. Er sprengt zu den Unsrigen.
                    (Flucht.) 25
Wolf. Fort, fort! Alles verloren. Unser Hauptmann
    erschossen. Götz gefangen.
                (Geheul der Weiber und Flucht.)

Adelheidens Schlafzimmer

Adelheid mit einem Brief. 30

Adelheid. Er, oder ich! Der Übermütige! Mir dro-
    hen! – Wir wollen dir zuvorkommen. Was schleicht
    durch den Saal? *(Es klopft.)* Wer ist draußen?
                    (Franz leise.)
Franz. Macht mir auf, gnädige Frau. 35
Adelheid. Franz! Er verdient wohl, daß ich ihm
    aufmache. *(Läßt ihn ein.)*

F r a n z *(fällt ihr um den Hals).* Liebe gnädige Frau.

A d e l h e i d. Unverschämter! Wenn dich jemand gehört
hätte.

F r a n z. O es schläft alles, alles!

5 A d e l h e i d. Was willst du?

F r a n z. Mich läßt's nicht ruhen. Die Drohungen meines Herrn, Euer Schicksal, mein Herz.

A d e l h e i d. Er war sehr zornig, als du Abschied
nahmst?

10 F r a n z. Als ich ihn nie gesehen. Auf ihre Güter soll sie,
sagt' er, sie *soll* wollen.

A d e l h e i d. Und wir folgen?

F r a n z. Ich weiß nichts, gnädige Frau.

A d e l h e i d. Betrogener törichter Junge, du siehst nicht,
15 wo das hinaus will. Hier weiß er mich in Sicherheit.
Denn lange steht's ihm schon nach meiner Freiheit. Er
will mich auf seine Güter. Dort hat er Gewalt, mich
zu behandeln, wie sein Haß ihm eingibt.

F r a n z. Er soll nicht!

20 A d e l h e i d. Wirst du ihn hindern?

F r a n z. Er soll nicht!

A d e l h e i d. Ich seh mein ganzes Elend voraus. Von
seinem Schloß wird er mich mit Gewalt reißen, wird
mich in ein Kloster sperren.

25 F r a n z. Hölle und Tod!

A d e l h e i d. Wirst du mich retten?

F r a n z. Eh alles! alles!

A d e l h e i d *(die weinend ihn umhalst).* Franz, ach uns
zu retten!

30 F r a n z. Er soll nieder, ich will ihm den Fuß auf den
Nacken setzen.

A d e l h e i d. Keine Wut! Du sollst einen Brief an ihn
haben, voll Demut, daß ich gehorche. Und dieses
Fläschchen gieß ihm unter das Getränk.

F r a n z. Gebt. Ihr sollt frei sein!

A d e l h e i d. Frei! Wenn du nicht mehr zitternd auf
deinen Zehen zu mir schleichen wirst – nicht mehr ich
ängstlich zu dir sage: »Brich auf, Franz, der Morgen
kommt.«

Heilbronn, vorm Turn
Elisabeth. Lerse.

L e r s e. Gott nehm das Elend von Euch, gnädige Frau. Marie ist hier.

E l i s a b e t h. Gott sei Dank! Lerse, wir sind in entsetzliches Elend versunken. Da ist's nun, wie mir alles ahnete! Gefangen, als Meuter, Missetäter in den tiefsten Turn geworfen –

L e r s e. Ich weiß alles.

E l i s a b e t h. Nichts, nichts weißt du, der Jammer ist zu groß! Sein Alter, seine Wunden, ein schleichend Fieber und, mehr als alles das, die Finsternis seiner Seele, daß es so mit ihm enden soll.

L e r s e. Auch, und daß der Weislingen Kommissar ist.

E l i s a b e t h. Weislingen?

L e r s e. Man hat mit unerhörten Exekutionen verfahren. Metzler ist lebendig verbrannt, zu Hunderten gerädert, gespießt, geköpft, geviertelt. Das Land umher gleicht einer Metzge, wo Menschenfleisch wohlfeil ist.

E l i s a b e t h. Weislingen Kommissar! O Gott! Ein Strahl von Hoffnung. Marie soll mir zu ihm, er kann ihr nichts abschlagen. Er hatte immer ein weiches Herz, und wenn er sie sehen wird, die er so liebte, die so elend durch ihn ist – Wo ist sie?

L e r s e. Noch im Wirtshaus.

E l i s a b e t h. Führe mich zu ihr. Sie muß gleich fort. Ich fürchte alles.

Weislingens Schloß
Weislingen.

W e i s l i n g e n. Ich bin so krank, so schwach. Alle meine Gebeine sind hohl. Ein elendes Fieber hat das Mark ausgefressen. Keine Ruh und Rast, weder Tag noch Nacht. Im halben Schlummer giftige Träume. Die vorige Nacht begegnete ich Götzen im Wald. Er zog sein Schwert und forderte mich heraus. Ich faßte nach meinem, die Hand versagte mir. Da stieß er's in die Scheide, sah mich verächtlich an und ging hinter mich.

– Er ist gefangen, und ich zittre vor ihm. Elender
Mensch! Dein Wort hat ihn zum Tode verurteilt, und
du bebst vor seiner Traumgestalt wie ein Missetäter! –
Und soll er sterben? – Götz! Götz! – Wir Menschen
führen uns nicht selbst; bösen Geistern ist Macht über
uns gelassen, daß sie an unserm höllischen Mutwillen an
unserm Verderben üben. *(Setzt sich.)* – Matt! Matt!
Wie sind meine Nägel so blau! – Ein kalter, kalter,
verzehrender Schweiß lähmt mir jedes Glied. Es dreht
mir alles vorm Gesicht. Könnt ich schlafen. Ach –
(Maria tritt auf.)
W e i s l i n g e n . Jesus Marie! – Laß mir Ruh! Laß mir
Ruh! – Die Gestalt fehlte noch! Sie stirbt, Marie
stirbt, und zeigt sich mir an. – Verlaß mich, seliger
Geist, ich bin elend genug.
M a r i a . Weislingen, ich bin kein Geist. Ich bin Marie.
W e i s l i n g e n . Das ist ihre Stimme.
M a r i a . Ich komme, meines Bruders Leben von dir zu
erflehen. Er ist unschuldig, so strafbar er scheint.
W e i s l i n g e n . Still, Marie! Du Engel des Himmels
bringst die Qualen der Hölle mit dir. Rede nicht fort.
M a r i a . Und mein Bruder soll sterben? Weislingen, es
ist entsetzlich, daß ich dir zu sagen brauche: er ist unschuldig; daß ich jammern muß, dich von dem ab-
scheulichsten Morde zurückzuhalten. Deine Seele ist
bis in ihre innersten Tiefen von feindseligen Mächten
besessen. Das ist Adelbert!
W e i s l i n g e n . Du siehst, der verzehrende Atem des
Todes hat mich angehaucht, meine Kraft sinkt nach
dem Grabe. Ich stürbe als ein Elender, und du kommst,
mich in Verzweiflung zu stürzen. Wenn ich reden
könnte, dein höchster Haß würde in Mitleid und
Jammer zerschmelzen. O Marie! Marie!
M a r i a . Weislingen, mein Bruder verkranket im Gefängnis. Seine schweren Wunden, sein Alter. Und wenn
du fähig wärst, sein graues Haupt – Weislingen, wir
würden verzweifeln.
W e i s l i n g e n . Genug. *(Zieht die Schelle.)*
(Franz in äußerster Bewegung.)
F r a n z . Gnädiger Herr.

W e i s l i n g e n. Die Papiere dort, Franz!

F r a n z *(bringt sie).*

W e i s l i n g e n *(reißt ein Paket auf und zeigt Marien ein Papier).* Hier ist deines Bruders Todesurteil unterschrieben. 5

M a r i a. Gott im Himmel!

W e i s l i n g e n. Und so zerreiß ich's! Er lebt. Aber kann ich wieder schaffen, was ich zerstört habe? Weine nicht so, Franz! Guter Junge, dir geht mein Elend tief zu Herzen. 10

F r a n z *(wirft sich vor ihm nieder und faßt seine Knie).*

M a r i a *(vor sich).* Er ist sehr krank. Sein Anblick zerreißt mir das Herz. Wie liebt ich ihn! und nun ich ihm nahe, fühl ich, wie lebhaft.

W e i s l i n g e n. Franz, steh auf und laß das Weinen! 15 Ich kann wieder aufkommen. Hoffnung ist bei den Lebenden.

F r a n z. Ihr werdet nicht. Ihr müßt sterben.

W e i s l i n g e n. Ich muß?

F r a n z *(außer sich).* Gift! Gift! Von Euerm Weibe! – 20 Ich! Ich! *(Rennt davon.)*

W e i s l i n g e n. Marie, geh ihm nach. Er verzweifelt. *(Maria ab.)* Gift von meinem Weibe! Weh! Weh! Ich fühl's. Marter und Tod!

M a r i a *(inwendig).* Hülfe! Hülfe! 25

W e i s l i n g e n *(will aufstehn).* Gott, vermag ich das nicht!

M a r i a *(kommt).* Er ist hin. Zum Saalfenster hinaus stürzt' er wütend in den Main hinunter.

W e i s l i n g e n. Ihm ist wohl. – Dein Bruder ist außer 30 Gefahr. Die übrigen Kommissarien, Seckendorf besonders, sind seine Freunde. Ritterlich Gefängnis werden sie ihm auf sein Wort gleich gewähren. Leb wohl, Maria, und geh.

M a r i a. Ich will bei dir bleiben, armer Verlaßner. 35

W e i s l i n g e n. Wohl verlassen und arm! Du bist ein furchtbarer Rächer, Gott! – Mein Weib –

M a r i a. Entschlage dich dieser Gedanken. Kehre dein Herz zu dem Barmherzigen.

W e i s l i n g e n. Geh, liebe Seele, überlaß mich meinem 40

Elend. – Entsetzlich! Auch deine Gegenwart, Marie,
der letzte Trost, ist Qual.

M a r i a *(vor sich)*. Stärke mich, o Gott! Meine Seele
erliegt mit der seinigen.

5 W e i s l i n g e n. Weh! Weh! Gift von meinem Weibe! –
Mein Franz verführt durch die Abscheuliche! Wie sie
wartet, horcht auf den Boten, der ihr die Nachricht
bringe: er ist tot. Und du, Marie! Marie, warum bist
du gekommen, daß du jede schlafende Erinnerung
10 meiner Sünden wecktest! Verlaß mich! Verlaß mich,
daß ich sterbe.

M a r i a. Laß mich bleiben. Du bist allein. Denk, ich sei
deine Wärterin. Vergiß alles. Vergesse dir Gott so
alles, wie ich dir alles vergesse.

15 W e i s l i n g e n. Du Seele voll Liebe, bete für mich, bete
für mich! Mein Herz ist verschlossen.

M a r i a. Er wird sich deiner erbarmen. – Du bist matt.

W e i s l i n g e n. Ich sterbe, sterbe und kann nicht ersterben. Und in dem fürchterlichen Streit des Lebens
20 und Todes sind die Qualen der Hölle.

M a r i a. Erbarmer, erbarme dich seiner! Nur *einen*
Blick deiner Liebe an sein Herz, daß es sich zum Trost
öffne, und sein Geist Hoffnung, Lebenshoffnung in
den Tod hinüberbringe!

25   In einem finstern engen Gewölbe

Die Richter des heimlichen Gerichts. Alle vermummt.

Ä l t e s t e r. Richter des heimlichen Gerichts, schwurt
auf Strang und Schwert, unsträflich zu sein, zu richten
im Verborgnen, zu strafen im Verborgnen Gott gleich!
30 Sind eure Herzen rein und eure Hände, hebt die Arme
empor, ruft über die Missetäter: »Wehe! Wehe!«

A l l e. Wehe! Wehe!

Ä l t e s t e r. Rufer, beginne das Gericht!

R u f e r. Ich, Rufer, rufe die Klag gegen den Missetäter.
35 Des Herz rein ist, dessen Händ rein sind zu schwören
auf Strang und Schwert, der klage bei Strang und
Schwert! klage! klage!

K l ä g e r *(tritt vor).* Mein Herz ist rein von Missetat,
meine Hände von unschuldigem Blut. Verzeih mir
Gott böse Gedanken und hemme den Weg zum Willen!
Ich hebe meine Hand auf und klage! klage! klage!

Ä l t e s t e r. Wen klagst du an?

K l ä g e r. Klage an auf Strang und Schwert Adelheiden
von Weislingen. Sie hat Ehebruchs sich schuldig gemacht, ihren Mann vergiftet durch ihren Knaben. Der
Knab hat sich selbst gerichtet, der Mann ist tot.

Ä l t e s t e r. Schwörst du zu dem Gott der Wahrheit,
daß du Wahrheit klagst?

K l ä g e r. Ich schwöre.

Ä l t e s t e r. Würd es falsch befunden, beutst du deinen
Hals der Strafe des Mords und des Ehebruchs?

K l ä g e r. Ich biete.

Ä l t e s t e r. Eure Stimmen.

(Sie reden heimlich zu ihm.)

K l ä g e r. Richter des heimlichen Gerichts, was ist euer
Urteil über Adelheiden von Weislingen, bezüchtigt des
Ehebruchs und Mords?

Ä l t e s t e r. Sterben soll sie! sterben des bittern doppelten Todes; mit Strang und Dolch büßen doppelt dop-
pelte Missetat. Streckt eure Hände empor, und rufet
Weh über sie! Weh! Weh! In die Hände des Rächers.

A l l e. Weh! Weh! Weh!

Ä l t e s t e r. Rächer! Rächer, tritt auf.

R ä c h e r *(tritt vor).*

Ä l t e s t e r. Faß hier Strang und Schwert, sie zu tilgen
von dem Angesicht des Himmels, binnen acht Tage
Zeit. Wo du sie findest, nieder mit ihr in Staub! —
Richter, die ihr richtet im Verborgenen und strafet im
Verborgenen Gott gleich, bewahrt euer Herz vor
Missetat und eure Hände vor unschuldigem Blut.

Hof einer Herberge

Maria. Lerse.

M a r i a. Die Pferde haben genug gerastet. Wir wollen
fort, Lerse.

Lerse. Ruht doch bis an Morgen. Die Nacht ist gar zu
unfreundlich.

Maria. Lerse, ich habe keine Ruhe, bis ich meinen
Bruder gesehen habe. Laß uns fort. Das Wetter hellt
sich aus, wir haben einen schönen Tag zu gewarten.

Lerse. Wie Ihr befehlt.

Heilbronn, im Turn

Götz. Elisabeth.

Elisabeth. Ich bitte dich, lieber Mann, rede mit mir.
Dein Stillschweigen ängstet mich. Du verglühst in dir
selbst. Komm, laß uns nach deinen Wunden sehen; sie
bessern sich um vieles. In der mutlosen Finsternis er-
kenn ich dich nicht mehr.

Götz. Suchtest du den Götz? Der ist lang hin. Sie
haben mich nach und nach verstümmelt, meine Hand,
meine Freiheit, Güter und guten Namen. Mein Kopf,
was ist an dem? – Was hört Ihr von Georgen? Ist
Lerse nach Georgen?

Elisabeth. Ja, Lieber! Richtet Euch auf, es kann
sich vieles wenden.

Götz. Wen Gott niederschlägt, der richtet sich selbst
nicht auf. Ich weiß am besten, was auf meinen Schultern liegt. Unglück bin ich gewohnt zu dulden. Und
jetzt ist's nicht Weislingen allein, nicht die Bauern allein, nicht der Tod des Kaisers und meine Wunden –
Es ist alles zusammen. Meine Stunde ist kommen. Ich
hoffte, sie sollte sein wie mein Leben. *Sein* Wille geschehe.

Elisabeth. Willt du nicht was essen?

Götz. Nichts, meine Frau. Sieh, wie die Sonne draußen scheint.

Elisabeth. Ein schöner Frühlingstag.

Götz. Meine Liebe, wenn du den Wächter bereden
könntest, mich in ein klein Gärtchen zu lassen auf
eine halbe Stunde, daß ich der lieben Sonne genösse,
des heitern Himmels und der reinen Luft.

Elisabeth. Gleich! und er wird's wohl tun.

Gärtchen am Turn
Maria. Lerse.

Maria. Geh hinein und sieh, wie's steht.
(Lerse ab. – Elisabeth. Wächter.)
Elisabeth. Gott vergelt Euch die Lieb und Treu an meinem Herrn. *(Wächter ab.)* Maria, was bringst du?
Maria. Meines Bruders Sicherheit. Ach, aber mein Herz ist zerrissen. Weislingen ist tot, vergiftet von seinem Weibe. Mein Mann ist in Gefahr. Die Fürsten werden ihm zu mächtig, man sagt, er sei eingeschlossen und belagert.
Elisabeth. Glaubt dem Gerüchte nicht. Und laßt Götzen nichts merken.
Maria. Wie steht's um ihn?
Elisabeth. Ich fürchtete, er würde deine Rückkunft nicht erleben. Die Hand des Herrn liegt schwer auf ihm. Und Georg ist tot.
Maria. Georg! der goldne Junge!
Elisabeth. Als die Nichtswürdigen Miltenberg verbrannten, sandte ihn sein Herr, ihnen Einhalt zu tun. Da fiel ein Trupp Bündischer auf sie los. – Georg! hätten sie sich alle gehalten wie er, sie hätten alle das gute Gewissen haben müssen. Viel wurden erstochen, und Georg mit: er starb einen Reiterstod.
Maria. Weiß es Götz?
Elisabeth. Wir verbergen's vor ihm. Er fragt mich zehnmal des Tags, und schickt mich zehnmal des Tags zu forschen, was Georg macht. Ich fürchte seinem Herzen diesen letzten Stoß zu geben.
Maria. O Gott, was sind die Hoffnungen dieser Erden!
(Götz. Lerse. Wächter.)
Götz. Allmächtiger Gott! Wie wohl ist's einem unter deinem Himmel! Wie frei! – Die Bäume treiben Knospen, und alle Welt hofft. Lebt wohl, meine Lieben; meine Wurzeln sind abgehauen, meine Kraft sinkt nach dem Grabe.
Elisabeth. Darf ich Lersen nach deinem Sohn ins Kloster schicken, daß du ihn noch einmal siehst und segnest?

G ö t z. Laß ihn, er ist heiliger als ich, er braucht meinen
Segen nicht. – An unsrem Hochzeittag, Elisabeth, ahnte
mir's nicht, daß ich *so* sterben würde. – Mein alter
Vater segnete uns, und eine Nachkommenschaft von
5 edeln tapfern Söhnen quoll aus seinem Gebet. – Du
hast ihn nicht erhört, und ich bin der Letzte. – Lerse,
dein Angesicht freut mich in der Stunde des Todes
mehr als im mutigsten Gefecht. Damals führte mein
Geist den eurigen; jetzt hältst du mich aufrecht. Ach
10 daß ich Georgen noch einmal sähe, mich an seinem
Blick wärmte! – Ihr seht zur Erden und weint – Er ist
tot – Georg ist tot. – Stirb, Götz – Du hast dich selbst
überlebt, die Edeln überlebt. – Wie starb er? – Ach
fingen sie ihn unter den Mordbrennern, und er ist hin-
15 gerichtet?

E l i s a b e t h. Nein, er wurde bei Miltenberg erstochen.
Er wehrte sich wie ein Löw um seine Freiheit.

G ö t z. Gott sei Dank! – Er war der beste Junge unter
der Sonne und tapfer. – Löse meine Seele nun! – Arme
20 Frau! Ich lasse dich in einer verderbten Welt. Lerse,
verlaß sie nicht. – Schließt eure Herzen sorgfältiger
als eure Tore. Es kommen die Zeiten des Betrugs, es ist
ihm Freiheit gegeben. Die Nichtswürdigen werden regieren mit List, und der Edle wird in ihre Netze fallen.
25 Maria, gebe dir Gott deinen Mann wieder. Möge er
nicht so tief fallen, als er hoch gestiegen ist! Selbitz
starb, und der gute Kaiser, und mein Georg. – Gebt
mir einen Trunk Wasser. – Himmlische Luft – Freiheit!
Freiheit! *(Er stirbt.)*

30 E l i s a b e t h. Nur droben, droben bei dir. Die Welt ist
ein Gefängnis.

M a r i a. Edler Mann! Edler Mann! Wehe dem Jahr-
hundert, das dich von sich stieß!

L e r s e. Wehe der Nachkommenschaft, die dich ver-
35 kennt!

ANMERKUNGEN

Die Quelle Goethes zu seinem *Götz* bilden die Denkwürdigkeiten des Ritters Götz von Berlichingen, erschienen zu Nürnberg 1731. Diese Lebensbeschreibung des Ritters Götz (geb. zu Jagsthausen 1480, gest. auf Burg Hornberg 1562) dramatisierte Goethe mit großer dichterischer Freiheit. Zwischen Ende Oktober und Anfang Dezember 1771 schrieb er das Werk nieder.

Unter dem Eindruck seiner Straßburger Shakespeare-Studien setzte sich Goethe dabei über die bisher als vorbildlich geltenden Regeln des französischen Dramas hinweg. Einheit des Ortes, der Zeit und der Handlung sind im *Götz* nicht zu finden. Gerade diese künstlerische Befreiung aus engen Regeln trug dem *Götz* den Beifall des zeitgenössischen Publikums ein. Das Werk wurde in Form und Sprache Vorbild für die Dichter der Sturm-und-Drang-Epoche.

Die erste Fassung von 1771 hieß: *Geschichte Gottfriedens von Berlichingen mit der eisernen Hand. Dramatisirt.* Sie ist handschriftlich im Goethe-und-Schiller-Archiv erhalten und wird heute als »Urgötz« bezeichnet; gedruckt wurde sie erst 1833 im 42. Band der »Ausgabe letzter Hand«.

Als erste Ausgabe erschien 1773 ohne Angabe des Verfassers und des Druckortes: *Götz von Berlichingen mit der eisernen Hand. Ein Schauspiel.* Dieser Druck und seine späteren Auflagen, einschließlich der Abdrucke in den Gesamtausgaben zu Goethes Lebzeiten bis zum 8. Band (1827) der Ausgabe letzter Hand, gelten als maßgeblich für neuere Textausgaben. Eine Bühnenbearbeitung des Stückes, die Goethe für die Weimarer Aufführung vom 22. 9. 1804 schuf, kommt für die Textgeschichte nicht in Betracht.

Der vorliegende Druck folgt dem auf Grund der Ausgaben von 1773 und 1827 erstellten Text in der Festausgabe von Goethes Werken, hrsg. von Robert Petsch, Leipzig: Bibliographisches Institut (1926). Die Orthographie wurde behutsam dem gegenwärtigen Gebrauch angenähert, wobei altertümliche Formen wie *Turn, Türner, Hülfe, betriegt* und *stickst* als charakteristisch nicht modernisiert wurden.

Die Uraufführung des *Götz* fand in Berlin am 12. 4. 1774 statt, alsbald gefolgt von Aufführungen in Hamburg, Breslau, Braunschweig und anderen Städten.

Personen

3,2 *Kaiser Maximilian:* Maximilian I. (1459–1519).

3,7 *Bube:* Diener, Knecht, Knappe.

3,9 *Weislingen:* Goethe fand in Götz' Autobiographie für diese Gestalt kein konkretes historisches Vorbild. Er ist der Repräsentant der Reichsritter, die, mit der Zeit gehend, ohne Rücksicht auf ihre reichsunmittelbare Stellung sich in den Dienst der Partikularinteressen der aufstrebenden Reichsfürsten stellten (vgl. 22,26 ff.).

3,13 *beider Rechte Doktor:* Doctor iuris utriusque, des kanonischen (kirchlichen) und des Zivilrechts.

3,14 *Bruder Martin:* vgl. Anm. zu 9,19–24.

3,16 *Franz von Sickingen:* (1481–1523), im Drama Götz' Schwager. Während Götz und Selbitz in den alten Bahnen fortfahren und Weislingen sich in den Dienst des Neuen stellt, will Sickingen eine tiefgreifende Wandlung erzwingen, die seinem Stand den durch soziale und technologische Wandlungen verlorenen Einfluß zurückerobert.
Sickingens reiche Einkünfte aus Erzgruben erlaubten ihm die Aufstellung einer schlagkräftigen Armee, die sogar Artillerie hatte. Im Aufstand der Reichsritter von 1522/23 griff er das Erzbistum und Kurfürstentum Trier an, um so eine allgemeine Reichsreform durch die Säkularisation der geistlichen Fürstentümer zu erzwingen. Er selbst hoffte für sich auf die Kurwürde. Die Belagerung Triers mußte jedoch ergebnislos abgebrochen werden; Trier, die Pfalz und das Erzbistum Mainz schlossen sich zu einer Strafexpedition zusammen und schlossen Sickingen auf seiner Festung Landstuhl ein. Während dieser Belagerung starb Sickingen am 7. Mai 1523 an einer Wunde.

3,25 *Richter des heimlichen Gerichts:* Gemeint ist das Femgericht; vgl. 107,25 ff.

Erster Akt

5,15 *Gleit:* umgangssprachl. synkopiert aus *Geleit.*
geben: synkopiert aus *gegeben* (vgl. 52,12).

5,19 *auf'n Dienst lauert:* das ordnungsgemäße Verhalten (urspr.: eines Dieners) scharf beobachtet.

5,23 *vertragen:* vertraglich geregelt; vgl. heutiges reflexives *sich vertragen.*

5,26 *richt:* umgangssprachl. verkürzt aus *richtete.* Solche Verkürzungen sind bei einfachen Sprechern im *Götz* überaus häufig (vgl. 6,2 f.; 6,40; 17,7; 29,3).

5,27 *kroch er zum Kreuz:* gab nach, unterwarf sich. Die Redewendung hat ihren Ursprung wohl in der Bußpraxis der Kirche: der reuigen Rückkehr des Sünders zum Kreuz. Sie begegnet häufig bei Luther, auch schon im allgemeinen Sinn von ›sich unterwerfen‹.

5,29 *unerhört:* allgemein, nicht nur pejorativ: ›wie man es zuvor nie gehört hat‹.

5,33 *werfen . . . nieder:* nehmen . . . gefangen.

5,34 *versieht:* (mit Genitiv) vorsieht, voraussieht, erwartet.

6,1 *lang was:* umgangssprachl. für ›seit langem etwas‹.

6,2 f. *verkundschaft:* verkundschaftet, ausgekundschaftet.

6,5 f. *das Bad gesegnet und ihn ausgerieben haben:* ihn kräftig frottiert haben. Diese sehr bildliche Wendung ist aus Götz' Autobiographie übernommen worden. *Das Bad segnen* wird auch im *Wilhelm Tell* ironisch gebraucht: »Und mit der Axt hab ich ihms Bad gesegnet.«

6,7 *räsoniert:* nörgelt, schimpft; von frz. *raisonner*, das auch die entsprechende Nebenbedeutung hat.

6,12 *despektierlich:* ohne der schuldige Ehrfurcht, verächtlich; von lat. *despicere* ›herabsehen auf, verachten‹.

6,14 *den Fratzen:* Akk. zu *der Fratz* (vgl. 92,25) ›Narr, alberner Mensch‹.

6,21 *Tausend Schwerenot!:* altertümliche Verwünschung. Die ›schwere Not‹ war die Epilepsie, die als Folge einer Verhexung galt.

6,25 *nit:* mundartliche Form von *nicht*, in Texten des 16. Jh.s überaus häufig. Im *Götz* begegnet sie vor allem bei einfachen Sprechern.

6,27 *bleuen:* prügeln, schlagen; von ahd. *bliuwan*, mhd. *bliuwen*. Durch volksetymologische Anlehnung an *blau* (von den Flecken dieser Farbe) entstand die heutige Schreibung *bläuen*, z. B. *durchbläuen*.

7,7 *passen:* warten, abwarten, lauern; vgl. *aufpassen* und *passen* beim Spiel.

7,12 *Adies!:* volkstümliche Abwandlung des frz. Grußes *A dieu*: Gott befohlen.

7,19 *Bengel:* Knüppel, Prügel.

7,20 *Bratspieße:* Lanzen.

8,3 *stickst:* steckst.

8,4 *Mummerei:* Maskenspiel, Maskierung.

8,6 *Küraß:* Lederpanzer.

8,20 *recht ausgefüttert:* so gut gefüttert, daß sie notfalls eine Zeit ohne Hafer auskommen können, wenn der Kriegszug das erfordert.

8,22 *Hansen:* Dativ zu *Hans.*

8,29 f. *wann wir Kaufleute fangen und Fuhren wegnehmen: wann:* wenn. ›Kaufleute fangen‹ war eine der Haupteinnahmequellen eines Götz und seiner Standesgenossen in den letzten Tagen des Rittertums. Das ›Recht‹ wurde dabei dadurch gewahrt, daß man der Heimatstadt der Kaufleute vorher eine Fehde ankündigte (vgl. 39,14), für die man einen rechtlichen Grund beibringen konnte. Das machte die Fehde zu einer ›ehrlichen Fehde‹ (vgl. 82,33). 39,16 ff. und 82,38 ff. nennt Götz einen solchen Grund. Vielfach kauften die Ritter auch fremde Forderungen auf, um sie dann auf ihre Weise in einer Fehde einzutreiben. Im großen Stil tat dies Sikkingen mit seiner Privatarmee (vgl. Anm. zu 3,16).

8,37 *letzt:* Adverb: beim letzten Mal.

9,7 *braver Junge:* im urspr. Sinne von ›tapfer‹; so deutlich auch 16,11. Das Wort wurde im 16. Jh. aus frz. *brave* ›tüchtig, tapfer‹ entlehnt.

9,19–24 *Ehrwürdiger Vater . . . Taufnamen:* Götz redet Bruder Martin mit dem Titel *Ehrwürdiger Vater* an, weil er ihn für einen Pater, d. h. einen Priestermönch (vgl. 69,30) hält. Martin korrigiert ihn: er ist nur Frater oder *Bruder,* d. h., er gehört zu den Mönchen ohne Priesterweihe, die in den Klöstern vor allem die handwerklichen Arbeiten verrichteten (vgl. 10,31 f.). Dies paßt nicht zu Martin Luther, wenn auch Tauf- und Klostername – Luther war Augustinermönch – sowie das Heimatkloster (10,33) an ihn erinnern.

9,40 f. *Der Wein erfreut des Menschen Herz:* vgl. Psalm 104,15.

10,19 f. *Bringt's ihm:* Trinkt ihm zu (vgl. 20,35).

10,32 *Laboranten:* Kräutersammler für die Arzneimittelbereitung im Kloster.

11,5 ff. *Armut, Keuschheit und Gehorsam:* die drei Mönchsgelübde. Bruder Martin verwirft sie als der von Gott gewollten Ordnung der Natur widersprechend (vgl. 9,35 f.; 10,21 ff.; 11,26 ff.; 12,12 f.).

12,11 f. *Wohl dem . . . lange:* vgl. Jesus Sirach 26,1 in Luthers Übersetzung: »Wol dem / der ein tugentsam Weib hat / Des lebet er noch einst so lange«.

12,31 ff. *Ich danke dir, Gott . . .:* vgl. Luk. 2,29 ff.

13,22 f. *Wie mir's so eng . . .:* vgl. Luk. 24, 32.

13,23 f. *mein Geist konnte doch . . .:* vgl. 1. Kor. 12,10.

13,32 *Georg! da hast du einen tapfern Patron:* Georg, Märtyrer unter Diokletian, wurde in mittelalterlichen Legenden als Drachentöter gefeiert, weshalb er als Ritter dargestellt wurde. Als der Heilige, nach dem der Junge benannt ist, ist er sein Patron, d. h. sein besonderer Schutzheiliger. Lat. *patronus* ist als ›väterlicher Beschützer‹ abgeleitet von *pater* ›Vater‹.

14,11 *Wart e bis:* Warte ein biß(chen). Daß Karl als Kind auch wie ein Kind spricht, wie in der vorigen Szene Georg, war einer der neuen Züge des Stückes.

14,25 *gessen:* gegessen.

15,25 *Weck:* süddt. für ›Weizenbrötchen‹.

15,32 *darnach:* danach.

16,16 *billiger:* gerechter, der Sache gemäßer.

16,21 *des Markgrafen:* Der Titel bedeutet urspr.: Verwalter einer Mark, eines Grenzgebietes.

16,26 *widrigen:* feindlichen.

16,28 *Türner:* ebenso wie *Turn* die oberdt. Form, die auch Götz in seiner Autobiographie verwendet.

17,6 *kurios:* seltsam, absonderlich, merkwürdig.

17,8 *weidlich:* wacker, frisch.

17,15 *nistelten:* hängten.

17,18 *nahmen sie in Pflicht:* verpflichteten sie durch einen Eid (vgl. 45,10).

18,10 *meines gnädigen Herrn des Pfalzgrafen:* Pfalzgraf Ludwig bei Rhein, einer der Kurfürsten des Reichs. Götz war Lehnsträger der Pfalzgrafen und hat ihnen in einzelnen Fehden gedient (vgl. 59,22).

18,13 *Schiff auf dem Main niedergeworfen: niedergeworfen:* vgl. Anm. zu 5,33.

18,17 *stund:* stand.

18,33 *aufgeräumt:* gutgelaunt.

19,23 *erb- und eigentümlich;* formelhafte Bezeichnung des Eigentums, das vererbt werden kann, das also nicht nur dem Eigentümer persönlich zusteht.

19,40 *was Apartes:* etwas Besonderes.

20,11 *Wo viel Licht ....* Das »geflügelte Wort« ist von Goethe geprägt worden und hat von dieser Stelle seinen Ausgang genommen.

20,28 *Unfall:* allgem. ›Unglück, Unglücksfall‹ (vgl. 33,27).

20,29 *wornach:* wonach.

20,34 f. *keine Flasche ... ausgestochen:* scherzhaft für ›geleert‹.

21,1 *mit dem Polacken:* mit dem Polen.

21,2 *gepicht:* urspr. ›mit Pech bestrichen‹.

21,6 *schlug ... aus:* schlug, prügelte ich durch.

21,9 *erkennte:* erkannte.

21,10 *Kastor und Pollux:* unzertrennliches Zwillingspaar der griechischen Sage.

21,31 f. *dir anlag:* dich inständig bat.

21,32 *Brabant:* Landschaft zwischen Maas und Schelde.

21,34 *Schlenzen:* Schlendern.
Scherwenzen: umgangsprachl. Vereinfachung von *scharwenzeln* ›sich dienstbeflissen zeigen‹.

21,36 *Vetteln:* Lat. *vetula* ›altes Weib‹ wird im späten Mittelalter als *Vettel* entlehnt und dient als geringschätzige Bezeichnung von Frauen überhaupt, unabhängig vom Alter.

22,2 *edel:* adlig.

22,4 *Vasallen:* Gefolgsmänner. Weislingen ist als reichsunmittelbarer Ritter den Reichsfürsten gleichgestellt, indem er allein vom Kaiser abhängig ist.

22,6 *dich necken:* dir schaden.

22,9 *Hofschranzen:* Höflinge.

22,20 *Erbfeindes:* Hier sind die Türken gemeint, später wurden die Franzosen mit diesem Titel bedacht.

22,20 f. *von den Ständen Hülfe begehrt:* Die Reichsstände waren die unmittelbaren Glieder des Reichs mit Sitz und Stimme auf den Reichstagen: die Kurfürsten, die Fürsten und reichsunmittelbaren Grafen und Geistlichen sowie die Reichsstädte. Ihrer Zustimmung bedurfte es z. B. zum Erlaß von Reichsgesetzen. Die Reichsritter zählten nicht zu den Reichsständen.

22,40 *darf:* dürfen hier, wie häufig in älteren Texten, für ›brauchen‹.

23,5 *gloriieren:* von lat. *gloriari* ›prahlen, sich rühmen‹.

23,14 *frei:* frei, Eure Meinung zu sagen.

23,15 *Landfrieden:* der auf dem Reichstag von Worms 1495 erlassene Allgemeine Landfrieden.

23,17 *Reichstag:* hier der Reichstag von Worms von 1495.

23,31 *Kundschaft:* Wissen.

24,5 *wie's wäre:* wie es auch zugehe. In Götz' Autobiographie steht diese Konstruktion im Sinne von ›was es auch sei‹.

24,12 *Explikationen:* Erklärungen (vgl. 25,40).
betriegt: betrügt.

24,17 *die Fräulein:* die adligen Mädchen.

25,9 *Junker:* Sohn eines Adligen.

25,14 *Marschall:* urspr. ›für die Pferde verantwortlicher Diener‹. Daraus wurde der Titel eines hohen Hofbeamten und später der militärische Titel.

25,19 *Disputieren:* das (wissenschaftliche) Streitgespräch.

25,24 f. *Corpus Juris ... Justinianus:* Der oströmische Kaiser Justinianus (527–565) ließ das römische Recht im Codex Iustinianus, der Grundlage des Corpus iuris civilis, sammeln.

25,33 *Glossen:* Kommentare der Juristen.

25,38–40 *Implicite ... explicite:* indirekt ... ausdrücklich. Der Abt verwechselt *explicite* mit *Explikation* (vgl. Anm. zu 24,12).

26,9 *Ihro Eminenz:* Eure Eminenz. Heute Anrede eines Kardinals, hier allgemein als Anrede eines hohen Geistlichen gebraucht.

26,17 f. *Schöppenstuhl: Schöppe* ist nddt. Nebenform von *Schöffe* ›der, der zwischen Parteien Recht schafft‹ (verwandt mit ›schaffen‹).

26,23 *Statuten:* Satzungen.

26,28 *Kasus:* Fälle im juristischen Sinn.

26,31 *deucht:* dünkt.

27,4 *Kaiser Maximilians Krönung:* 1486 wurde Maximilian in Frankfurt a. M. zum römischen König gewählt.

27,22 *Nimbus:* Heiligenschein.

27,25 *Unschlitt:* tierisches Eingeweidefett, aus dem man Kerzen machte.

27,32 *Schröpfköpfe:* Glasglocken wurden erhitzt auf einer Körperstelle angebracht; das beim Abkühlen entstehende Vakuum ergab einen verstärkten Blutzufluß und zog so das Blut an diese Stelle.

27,34 *Bader:* Besitzer eines öffentlichen Bades. Der Beruf umfaßte die Tätigkeiten des Barbiers und des Wundarztes; zu seinem Handwerkszeug gehörten die Schröpfköpfe.

28,4 *Bei Tisch geht alles drein:* Im Tischgespräch ist alles erlaubt, wird nichts verübelt.

28,9 *Ihro Fürstliche Gnaden?:* Anrede des Bischofs in seiner weltlichen Eigenschaft als Fürst des Reichs.

28,27 *molestiert mich:* ärgert, belästigt mich, wird mir lästig.

29,23 f. *Post   moabis:* mittelalterlicher Hexameter mit Binnenreim: Nach dem Essen sollst du stehn oder tausend Schritte gehn.

29,26 *Schlagfluß:* Schlaganfall.

29,29 *Exerzitium:* Übung, körperlich und geistig.

30,2 *Gottespfennig:* Spende bei Abschluß eines Vertrages.

30,10 *schwächer als Simson ...:* vgl. Richter 16,17 ff.

31,10 *Kaiserliche Kommissarien:* Beauftragte des Kaisers.
   Tag: Gerichtstag.
31,11 f. *wo die Sache dann verglichen werden mag: Sache:* Streit-
   sache, Prozeß (vgl. 75,10); *verglichen:* durch Vergleich, nicht durch
   Urteil beendet.
31,30 *siehst:* sieht aus.
31,39 *jetzo:* Nebenform von ›jetzt‹.
32,10 *behaupten:* hier im Sinne von ›verteidigen‹.
32,18 *schafft:* wünscht, befiehlt.
32,27 *Titel:* (rechtliche) Voraussetzung.
34,1 *Äquivalent:* Gegengewicht, Gegenwert.
34,2 *vertagt:* auf einen Gerichtstag geladen (vgl. 31,10).
34,31 *sahe:* sah.
35,7 *erhoben:* hervorgehoben.
35,39 *Sankt Veit:* Vitus, sizilianischer Märtyrer, einer der 14 Not-
   helfer.

Zweiter Akt

36,16 *Cupido:* Amor, griech. Eros, Sohn und Begleiter der Venus-
   Aphrodite.
36,18 f. *mutilich . . . männlich:* spielerische Abwandlung von *mutig-
   lich* und *männiglich* ›wie ein Mann‹.
37,3 *Auskunft:* im urspr. Wortsinn: Aus-kommen, Herauskommen.
37,12 *ominöser Vögel:* Vögel, deren Ruf im Volksglauben ein
   schlechtes Omen (lat., ›Vorzeichen, Vorbedeutung‹) darstellt; etwa
   das Käuzchen, dessen »Komm mit« den Tod ankündigt.
37,24 *minorenn:* minderjährig.
37,26 *Flachshaare:* sehr blonde Haare; nach der Farbe von Flachs.
37,31 f. *in usum Delphini:* Zum Gebrauch des Dauphins (des Thron-
   folgers) Ludwig XIV. wurden spezielle Klassikerausgaben erstellt,
   die von ›anstößigen‹ Stellen gereinigt waren. Hier ein Anachronismus.
37,32 *homogen:* von gleicher Art.
37,37 *Geschlechtsregister:* Ahnentafeln.
38,18 *Kommission:* Auftrag (vgl. Anm. zu 31,10).
38,22 *Wachtelpfeife:* Pfeife, die den Ruf der Wachtel nachahmt und so
   bei der Jagd andere Vögel anlockt.
38,28 *herbanne:* durch Zauber herbeischaffe und festhalte.
38,30 *Sympathie:* hier das Beschwören und Besprechen von Krank-

heiten aufgrund geheimer Sympathien, d. h. aufgrund von Bezügen und Verwandtschaften zwischen verschiedenen Naturphänomenen.

38,36 *Weisling:* Weißfisch. Spiel mit Weislingens Namen wie 58,17. *Weißfisch* oder *Weisling* ist der Sammelname für verschiedene kleinere Süßwasserfische.

39,3 *Leimstange:* auf der man Vögel fängt.

39,24 *Sie haben's Ursach:* sie haben Ursache dazu.

39,26 f. *Burgemeister:* Bürgermeister.

39,28 *käm uns in Wurf:* käme in unsere Reichweite.

39,29 *Witz:* Wissen, Verstand, Klugheit.

40,31 *Kinder und Narren–:* Ergänze: sagen die Wahrheit.

40,34 *Hörner von deinem Weibe:* Anspielung auf die Redewendung ›jemandem Hörner aufsetzen‹: jemanden mit dessen Frau betrügen.

42,19 *mich irrt's nicht:* mich irritiert es nicht, macht es nicht irre.

43,4 *Minen ... die er selbst gegraben hat:* Beim Belagern einer Festung gruben die Belagerer Stollen unter die Festungswerke, um sie in die Luft sprengen zu können. Hier ein Bild für listige Unternehmungen, die Weislingen vorbereitet hat.

43,20 f. *haben ... einen Zahn auf mich:* wollen mir seit langem übel.

44,27 f. *zum höchsten:* höchstens.

45,4 *Theuerdank:* 1517 erschienene letzte Dichtung mit betont ritterlichem Charakter, zum großen Teil von Maximilian I. selbst geschrieben. Für Adelheid ist sie das romantische und unrealistische Dokument einer vergangenen Zeit.

45,10 *Pflicht ... leisten:* sich durch einen Eid verpflichten (vgl. 17,18).

45,11 *Strafe der Acht:* Ausstoßung aus der Rechtsgemeinschaft und deren Schutz. Der Geächtete durfte straflos getötet werden. Eine gerichtlich ausgesprochene Acht war lokal begrenzt, die ›Reichsacht‹, um die es sich bei Götz handelt, durfte allein vom Kaiser verhängt werden. Sie galt für das ganze Reich und war vor allem Strafe für den Landfriedensbruch.

45,15 *Rübezahl:* Berggeist des Riesengebirges.

46,1 *vor einen Anteil:* für einen Anteil. *vor* und *für* lagen zur Goethezeit noch nicht in ihrer heutigen Anwendung fest und traten füreinander ein.

46,26 *dafür sein:* davor sein, verhindern (vgl. die Redewendung *Da sei Gott vor!* in 36,1).

47,17 *berichte Euch mit der Wahrheit:* berichte Euch die Wahrheit.

47,22 *Verkappung:* Verkleidung.

48,6 *einen schlechten:* einen schlichten; wie stets in älteren Texten. In 48,8 hat *schlecht* schon die neue Bedeutung ›böse, übel‹. Das Nebeneinander beider Bedeutungen ermöglicht das Wortspiel.

48,35 *Hundsfott:* Schimpfwort für einen feigen, verräterischen Menschen (vgl. 72,30).

49,27 *Antistrophe:* der ersten Strophe parallel gebaute ›Gegenstrophe‹ in der griechischen Chorlyrik.

49,30 *zahnarztmäßig:* Der Zahnbrecher steht hier stellvertretend für alle anderen Marktschreier.

49,32 *Quintessenz:* in der Alchimie Bezeichnung konzentriertester Auszüge aus Stoffen, deshalb: Inbegriff, Summe aller Eigenschaften.

49,33 *Phönix:* sagenhafter Vogel, der sich durch Verbrennung verjüngt. Meist Sinnbild der Unsterblichkeit; hier nur wegen der außerordentlichen Seltenheit dieses Vogels gebraucht.

50,10 ff. *wie auf übereinander gewälzten Bergen:* Otos und Ephialtes, zwei riesige Zwillingsknaben der griechischen Mythologie, wollten den Himmel stürmen, indem sie die Berge Olymp, Ossa und Pelion aufeinandertürmten. Apollo tötete sie, bevor sie den Plan ausführen konnten.

50,29 *Könntest du:* Adelheid hat mit ihrem abweisenden Verhalten (vgl. 46,26 ff.) ihr Ziel erreicht: Weislingen wechselt zum Du über.

50,33 *die Zeit her:* diese Zeit über, seither.

51,4 *Er ist berichtet:* ihm ist berichtet worden.

51,8 *Reichstag zu Augsburg:* Herbst 1518.

51,21 *ungeneckt:* ungeschoren, in Ruhe (vgl. 22,6).

51,29 *Kissen:* Ruhekissen, vielleicht auch das Kissen, das man dem Toten im Sarg unterlegt.

52,11 *hübschten:* hübschesten.

52,17 *Perücken:* metonymisch vom Kennzeichen des richterlichen Standes für dessen Träger gebraucht. Für Götz' Zeit sind Richterperücken ein Anachronismus.

52,19 *Sapupi:* von Goethe gewähltes Anagramm für den Assessor Papius (latinisiert aus *von Pape*), der 1774 wegen begangener Unkorrektheiten vom Reichskammergericht in Wetzlar entfernt wurde. Zur Zeit von Goethes Aufenthalt in Wetzlar schwebte der Prozeß noch. Wie aus zeitgenössischen Briefen hervorgeht, wurde die Anspielung verstanden.

52,25 *Maulaffen:* das nddt. *mul apen* ergab statt des richtigen hdt.

Maul offen ›Maulaffen‹. Luther erklärt: »Ein man, dem das maul aufgesperret stehet, den wir auf deudsch nennen maulaffen«.

52,27 *Vernehmen:* Einvernehmen.

52,29 f. *Geldspiel:* eine Menge Geld.

52,30 *Reverenz:* Ehrerbietung, Verbeugung.
Prokurator: Anwalt, Staatsanwalt, Prozeßvertreter.

52,32 *Kaiserliche Visitationen:* Kontrollbesuche bei den Gerichten durch den Kaiser bzw. seine Beauftragten.

52,35 *Blechen:* Blech hieß Geld in der Gaunersprache, wovon die Studentensprache des 18. Jh.s. *blechen* ›zahlen‹, ableitete. Stellen wie diese haben das Wort dann allgemein verbreitet.

53,10 *roten Heller:* kleine Münze, deren ohnehin geringer Wert durch die dazugesetzte Farbe des Kupfers noch eigens betont wird. Seinen Namen hat er vom ersten Prägeort, Schwäbisch Hall.

53,12 *'s Wasser an die Seele ging:* vgl. Ps. 69,2; 124,5.

53,23 *ungerügt:* ohne gerichtliche Verfolgung.

53,25 *Speier:* Die freie Reichsstadt Speyer war von 1513 bis 1689 Sitz des Reichskammergerichts.

54,4 *Nacht-Ims:* verkürzt aus ›Nacht-Imbiß‹.

Dritter Akt

54,26 *Grillen:* Launen, Wunderlichkeiten, Einfällen.

54,29 *Allerdurchlauchtigster:* Allererhabenster, von mhd. *erliuhten* ›erleuchten‹.

55,3 *verdorbene:* ruinierte.

55,13 f. *das ganze Reich aufmahnen:* die Truppen des Reichs ins Feld rufen (wie es dann später in kleinerem Umfang in der *Reichsexekution* 57,21 ff. erfolgt).

55,22 ff. *Köpfe der Hydra:* Die Hydra war ein vielköpfiges Ungeheuer der griechischen Sage, dem für jeden abgeschlagenen Kopf zwei neue Köpfe wuchsen. Herakles konnte sie nur besiegen, indem er nach Abschlagen eines Kopfes den Stumpf sogleich ausbrannte.

56,11 f. *Schwindelgeist: schwindeln* ›taumeln‹ hat die Nebenbedeutung ›unbesonnen handeln, Unausführbares planen‹.

56,21 *Urfehde schwören:* Eid ablegen, keine Fehden mehr zu führen.

56,23 *Bann:* Bereich der eigenen Gerichtsbarkeit, d. h. das ihnen gehörende Gebiet.
Session: Sitzung (hier: des Reichstags).

57,21 *Reichsexekution:* die mit der Durchführung der Acht beauftragten Truppen (vgl. 58,27).

57,24 f. *gemessene Order:* ausdrücklicher, genau begrenzter Befehl.

57,35 *Lappen:* Rockschoß.

58,4 *Brief:* die Achterklärung (vgl. 58,26 ff.). *Brief*, von lat. *brevis* ›kurz‹, bezeichnet urspr. jedes kurze Schreiben, vor allem Urkunden.

58,17 *Weißfisch:* vgl. Anm. zu 38,36.

58,20 *gebeizt:* mürbe gemacht.

58,26–29 *Der Kaiser . . . vorschneiden soll:* gemäß der alten Achtformel: »Wir teilen deinen Leib und dein Fleisch den Tieren in den Wäldern, den Vögeln in den Lüften und den Fischen in dem Wasser.«

58,32 f. *Eure großen Anschläge:* vgl. Anm. zu 3,16.

59,1 *Vorwort:* Fürsprache.

61,23 *in willens:* willens.

61,24 *nachrucken:* oberdt. für ›nachrücken‹.

61,29 f. *mit der Hand in die Kohlen geschlagen:* mir die Finger verbrannt.

61,34 f. *es wäre mein und meines kleinen Häufchens übel gewahrt gewesen:* es wäre uns übel ergangen.

62,2 *gefleischt hat:* eine Fleischwunde gegeben hat.

62,30 *funfzig:* fünfzig.

62,32 *Reichsvölker:* Reichstruppen, Soldaten des Reichs.

63,4 *Urlaub:* Erlaubnis (sich zu entfernen).

63,15 *Überschlägen:* Umschlägen.

63,29 *Rohr:* Schilf, wie es an sumpfigen Teichrändern wächst.

63,38 *Memme:* Feigling (seit Luther gebräuchlich).

64,20 *Zinken:* die Enden am Hirschgeweih. Beim Zusammenprall kämpfender Hirsche können sie brechen.
abgerennt: abgerannt.

64,28 *Feldscher:* Wundarzt.

65,33 *mit hellem Hauf:* mit dem Haupttrupp.

66,5 *gegen ihnen halten:* ihnen gegenüber anhalten.

66,7 f. *patschen:* in die Hände klatschen, d. h., sie zwischen uns nehmen.

66,13 f. *impertinent:* unverschämt.

66,17 *Ansehen:* Aussehen.

67,3 *hieher:* hierher.

67,9 *reichen:* erreichen.

67,16 *wetter:* donner.

68,5 *Fähndrich:* Fähnrich, Fahnenträger.

68,30 *flohe:* floh.

69,2 *Strauß:* Kampf, Gefecht.

71,4 *Reichsfähnlein:* Reichstrupp.

71,15 *Biet:* bestelle, richte aus.

71,23 *Extremität:* äußerste Notlage.

72,21 *Piken:* Spieße, Lanzen.

73,2 *er kann mich – – –:* In den Ausgaben von 1773 und 1774 steht statt der drei Striche: *im Arsch lecken.*

73,12 *auf einen gewissen Punkt halten:* bis zu einem gewissen Punkt aushalten.

74,30 *ritterlich Gefängnis:* Gefangenschaft, wie sie einem Ritter zukommt.

74,35 *mit Manier:* auf (anständige) Weise.

76,15 *wohlhäbigen:* wohlhabenden.

76,18 *ergetzte:* ergötzte.

76,24 *erbt:* sich vererbt.

76,28 *reiten:* ausreiten, in den Kampf ziehen.

76,35 f. *Cherubim mit flammenden Schwertern:* vgl. 1. Mose 3,24.

77,9 f. *Gewehr:* hier die Gesamtheit der Waffen.

77,25 *traun:* in Wahrheit.

Vierter Akt

78,29 f. *Ich komme mir vor . . . beschwur:* Im Volksglauben gab es die Vorstellung, böse Geister könnten in Säcke gebannt und so fortgeschafft werden.

78,30 *Kapuziner:* Mönch des Bettelordens der Kapuziner, der seinen Namen von der spitzen Kapuze an der Kutte hat.

78,30 f. *Ich . . . fruchte mir nichts:* es trägt mir keine Frucht, nutzt mir nichts.

79,13 *die deputierten Räte:* abgeordnete Räte. Sie sind vom Kaiser abgeordnet als *Kommissarien* (Zeile 34; vgl. Anm. zu 31,10).

79,16 *geschlossen:* in Fesseln, in Eisen.

79,27 *gestellt:* eingestellt, in der Stimmung.

79,32 *Kehrig:* Kehricht.

80,11 *Weinschröter:* Männer, die Weinfässer transportieren.

80,12 *wohl beschlagen:* wahrscheinlich vom Pferd auf den Menschen übertragen: ausgerüstet, ausgestattet.

80,30 *armen Sündern:* zum Tode verurteilten Verbrechern.

81,21 *abschwören:* nicht als Negation von *schwören* zu verstehen (›seinem Glauben abschwören‹): Götz Schwur soll dem ihm vorgelegten Text folgen.

82,1 *Brief:* vgl. Anm. zu 58,4.

82,17 *Entstehungsfall:* Weigerungsfall.

82,31 *Konterfei:* Bild.

82,32 *mir den Räuber fressen oder dran erwürgen:* Der Rat soll den soeben ausgestoßenen Vorwurf ›Räuber‹ willig zurücknehmen (›fressen‹) oder, falls er sich weigert, an ihm ersticken (*erwürgen* ist hier passiv gebraucht).

83,6 *Wehren:* Schwerter (vgl. 83,16 u. 20).

83,10 *Meinung:* Absicht.

83,29 *Kompanie:* Gesellschaft, Begleitung.

83,30 *die Versäumnis:* die verlorene Arbeitszeit.

84,3 *Schlag:* Stadttor.

84,15 f. *die Gerechtsame vergeben:* auf die zustehenden Rechte verzichten.

85,24 *Terminei:* die eigenen Grenzen, wie *Bann* in 56,23.

85,30 *Reuse:* länglicher Korb mit engem Eingang zum Fischfang.

86,2 *Günstige Aspekten: Aspekte* ist die astronomisch-astrologische Bezeichnung der Stellung von Planeten, Sonne, Erde und Mond zueinander. Günstige Aspekte sind somit glückverheißende Konstellationen.

86,4 *sondieren:* untersuchen, erforschen.

87,8 *Liebe Frau!:* Adelheid und Weislingen sind inzwischen verheiratet.

87,10 f. *Regimentsräten:* Räten des Reichsregiments, einer ständigen Vertretung der Reichsstände beim Kaiser, die deren Mitwirkung bei der Regierung des Reiches sichern sollte. Ein Reichsregiment bestand unter Maximilian von 1500 bis 1502 und später noch einmal zur Regierungszeit Karls V.

87,30 ff. *Karl, sein trefflicher Nachfolger:* König Karl I. von Spanien, Maximilians Enkel, geb. 1500, seit 1516 spanischer König, wurde 1519 zum deutschen Kaiser gewählt.

87,39 f. *Kennst du mich für das?:* Siehst du mich aufgrund deiner Erfahrungen mit mir so an?

88,6 *hofiert:* den Hof macht.

88,40 *das fähig:* dazu fähig. *fähig* steht hier mit dem Akk. statt mit dem üblichen Genitiv.

90,8 *schreib ... aus:* schreib zu Ende.
90,11 *Nachkommenschaft:* Nachwelt.
90,22 *Bündischen:* Angehörigen des Schwäbischen Bundes.
91,22 f. *Tod des Kaisers:* Maximilian I. starb 1519.

Fünfter Akt

92,19 *Kehraus:* urspr. scherzhafte Bezeichnung für den letzten Tanz,
bei dem die langen Kleider der Tänzerinnen den Tanzboden fegten.
92,26 *mit hellem ... Hauf:* mit der geschlossenen Hauptmacht.
92,28 f. *wie Wetter:* wie der Blitz.
92,32 *trenteln:* trödeln.
93,29 *schwürig:* aufrührerisch.
94,11 *rauchen:* rauhen.
94,13 *zwitzert:* flimmert.
95,3 *wütigen Hund:* tollwütigen Hund.
95,16 *Satelhenkens Zeit:* Zeit, den Sattel an den Nagel zu hängen.
95,18 *sieh zu deinem Schloß:* sorge dich um dein Schloß (als Drohung
gemeint).
96,6 *außer:* hier Gegenteil von *in.*
96,7 *Kehr:* kehr zurück.
96,15 *haben zu tun und zu lassen:* haben das Recht, durch Tun oder
Unterlassen zu handeln.
96,24 *zustehn:* zu euch halten.
96,27 f. *den Verträgern zusammen:* beiden Parteien, die den Vertrag
geschlossen haben, gemeinsam.
97,2 *der ganze Bund:* der Schwäbische Bund, dessen Truppen den
Bauernaufstand in diesem Gebiet niederschlugen.
97,2 f. *Fehlen:* fehlschlagen, fehlgehen.
97,6 *pünktlich:* hier: genau.
97,13 *umziehen:* einen Umweg machen.
Wasser: Wasserläufe.
97,14 *ausgetreten:* aus ihren Betten.
97,31 *Klagartikel:* Artikel (Absätze, Punkte) der Anklageschrift.
98,4 *Tathandlungen: Taten* hier soviel wie ›Gewalttaten‹.
98,14 *sein graues Haupt –:* Ergänze: abschlügen. Elisabeth wagt
nicht, das Wort auszusprechen, ähnlich wie Marie in 105,36.
99,2 f. *fahr ihnen ... durch den Sinn:* durchkreuze ihre Pläne.
99,4 *mich erlassen:* meines Versprechens, meines Vertrages.
99,16 *nichts Gemeines:* nichts Gemeinsames, nichts gemein.

100,20 *hint:* in dieser Nacht, heute Nacht.

100,26 *loh:* hell.

100,30 *geheischen:* gebettelt.

101,1 *den wilden Jäger:* der germanische Gott Wotan, der nach dem Volksglauben mit einem Totenheer auf Jagd zieht.

101,6 *des Teufels sein Gepäck:* viel Gepäck (vgl. Zeilen 10 ff.).

101,13 *wullen:* wollen.

101,14 *Zunder:* getrockneter Baumschwamm, der besonders leicht Feuer fängt und deshalb zusammen mit Schwefel zum Feuermachen dient.

101,21 *du endigst:* hier aktiv: machst ein Ende.

101,34 *Blutwurzel:* blutstillende Wurzel.

103,10 *Als:* wie.

103,27 *Eh alles!:* vor allem andern. Eine andere Möglichkeit ist, es auf Adelheids Worte in den Zeilen 22 ff. zurückzubeziehen: Eher alles (als das)!

104,7 *Meuter:* Meuterer.

104,16 ff. *Man hat mit unerhörten Exekutionen . . .:* Die Niederwerfung des Bauernaufstandes war außerordentlich grausam und blutig. Sie wurde ergänzt durch die Festsetzung einer gigantischen Schadensersatzsumme, die von den Bauern erpreßt wurde und mit deren Hilfe die zerstörten Burgen wiederaufgebaut werden konnten.

104,17 f. *gerädert:* Bei der Todesstrafe durch Rädern, die vor allem gegen Räuber und Staatsverbrecher angewandt wurde, wurden dem Verurteilten die Glieder mit einem Rad zermalmt. Vielfach wurde er danach noch lebend ›aufs Rad geflochten‹, d. h. in die Speichen des Rades geflochten und zur Schau gestellt.

104,18 *geviertelt:* gevierteilt. Bei der Hinrichtungsart des Vierteilens wurde der Verurteilte von Pferden, die man an seine Arme und Beine gebunden hatte, in vier Teile zerrissen.

104,19 *Metzge:* Metzgerei, Schlachthaus.

105,34 *verkranket:* stirbt an einer Krankheit.

107,18 f. *ersterben:* sterben.

108,13 *beutst:* bietest.

108,19 *bezüchtigt:* bezichtigt.

109,4 f. *hellt sich aus:* erhellt sich völlig.

109,5 *haben . . . zu gewarten:* haben Aussicht auf.

109,17 f. *Ist Lerse nach Georgen?:* Zu ergänzen ist: geschickt.

109,29 *Willt du:* veraltete Form von *willst du.*